如芝如蘭

女数学教育家 高扬芝

于正 著

南京师范大学出版社
NANJING NORMAL UNIVERSITY PRESS

图书在版编目(CIP)数据

如芝如兰：女数学教育家高扬芝 / 于正著. 一南京：南京师范大学出版社，2019.8
　ISBN 978-7-5651-4033-4

　Ⅰ. ①如… Ⅱ. ①于… Ⅲ. ①高扬芝—传记 Ⅳ. ①K826.11

中国版本图书馆 CIP 数据核字(2019)第 020472 号

书　　名	如芝如兰——女数学教育家高扬芝
作　　者	于　正
责任编辑	刘自然
出版发行	南京师范大学出版社
地　　址	江苏省南京市玄武区后宰门西村 9 号(邮编：210016)
电　　话	(025)83598919(总编办)　83598412(营销部) 83598009(邮购部)
网　　址	http://press.njnu.edu.cn
电子信箱	nspzbb@njnu.edu.cn
照　　排	南京凯建图文制作有限公司
印　　刷	兴化印刷有限责任公司
开　　本	880 毫米×1230 毫米　1/32
印　　张	8.75
字　　数	181 千
版　　次	2019 年 8 月第 1 版　2019 年 8 月第 1 次印刷
书　　号	ISBN 978-7-5651-4033-4
定　　价	48.00 元
出 版 人	彭志斌

南京师大版图书若有印装问题请与销售商调换
版权所有　　侵犯必究

序

宋永忠[①]

1978年2月,数学教育家高扬芝先生在南京工人医院(现江苏省人民医院)静静地走完了她不平凡的一生。到今天她离开我们已经整整40年了。

40年来,南京师范大学有了骄人的发展历程,正在向有国际影响的高水平大学迈进。在纪念改革开放40周年的日子里,抚今思昔,溯本追源,南京师范大学数学科学学院的师生们不会忘记创建者高扬芝教授对学校所做的贡献。

高扬芝教授,1905年12月生于北京,祖籍江西新建。1919年从北京第一女子高等小学毕业后考入北京女子高等师范学校附中,在校期间学习勤奋,酷爱数学。后考入北京大学数学系,1930年以"最优等"成绩毕业。20世纪30年代,她先后任职于上海暨南大学、大同大学,从事数学分析、高等代数和复变函数等课程的教学与研究工作,历任数学系讲师、教授和系主任。

高扬芝是中国数学会创始时仅有的两位女评议员之一。早

---

① 宋永忠,1958年生,江苏沭阳人。中共党员,理学博士,数学教授,博士研究生导师。曾任南京师范大学校长、党委书记。

在1935年,她就出席了中国数学会(旧)成立大会,被推选为中国数学会评议会评议员;1951年,她又作为唯一的女性出席了新中国数学会第一次全国代表大会,是全国知名的女数学教育家。

1952年全国高等学校院系调整时,高扬芝从上海大同大学调至南京师范学院,她主持创建了南京师范学院数学科(系)并担任主任。1958年,高扬芝在被调往苏州江苏师范学院工作三年后,重返南京师范学院再建数学系。期间她曾出版过《极限浅说》《行列式浅说》等著作,编写过《数学史讲义》《复变函数论讲义》等教学讲义。她的启发式教学方法备受称颂。20世纪60年代初,她被推选为江苏省数学会副理事长。"文革"中,她被下放镇江句容农场参加劳动,备尝困苦。1978年2月26日,高扬芝因病在南京去世,享年73岁。

高先生一生求真。在恩师教导下,认识到做人要学真本事;她教学认真,做人清白,待人以真;她求真务实地创建了南京师范学院数学系,为国家和社会培养了大量数学人才。她的求真精神永远值得我们学习。

高先生一生求善。早年的她一心求学,"不参与政治活动",但随着时代变迁,她的政治追求也与时俱进。在大同大学时她曾支持保护过地下党员学生,1958年她申请加入了党组织。她一生从不做违心之事,体现了一个知识分子的善良。

高先生一生求美。她以女性的细腻认识数学之美,并把这种"美"形象地呈现给学生。她将传播数学之美作为自己的毕生追求,并以自己独特的教学风格将这种数学之美传给了她的一代代学生。

总之,在她的身上体现了老一辈知识分子对真、善、美的追求。从她一生的经历可以读到中国近现代史上知识女性创业奋斗的故事;可以了解到早期数学人开拓中国数学教育的历史文化信息;可以认识近30年间江苏高等数学教育和南京师范大学数学科学学院的发展历程。

呈现在读者面前的,就是这样一本全面介绍高扬芝一生的书。作者于正在南京师范大学工作和生活了30多年,对这方校园感情深厚。1998年到数学系工作后,他在与老同志的交流中逐渐了解到数学系开创者高扬芝的事迹,崇敬之情与日俱增。1999年数学科学学院搬迁新校区时,从中收集到了一些有关高扬芝先生的文献资料。在征集、编辑《流年珍影——南京师范大学数学科学学院本专科毕业生合影集(1952—2012)》时,又从许多老校友处收集到相关高扬芝与毕业生的图片资料,这触发了他为高扬芝一生立传的激情。作者从有限的资料出发,克服了一系列的障碍和困难,多渠道收集资料,集腋成裘,最终完成了本书,为学校和数学科学学院留下了难得的人文信息,实属难能可贵。

教学、科研和社会服务是高校的三大传统职能,今天,作为第四大职能的文化传承已日益为人们所重视。多年来,中国数学如何发展和数学教育如何变革的研究方兴未艾,对早期数学家,尤其是女数学教育家的文字还不多见,很值得挖掘。此书就是一次成功的尝试。

本书以珍贵的史料,追溯了高扬芝先生的一生。读者能从一个个可读的故事中,看到一个不懈奋斗、可信可敬的知识女性形象,从而在心灵上产生共鸣,在思想上得到认同,在行动上得到动力。读者在追寻一个早期数学教育家经历的过程中,可以从一个侧面看到"五四"科学精神的流传,中国高等数学教育发展的流变,以及南京师范学院数学系的建立和发展过程,了解近代数学教育发展史。

回顾学院历史,本人心潮澎湃。

在高扬芝先生逝世后的第6天,1978年3月4日,本人作为77级本科生进入南京师范学院数学系学习,4年后成为数学系的第一个研究生,研究生毕业后留校一直工作至今,亲身经历了改革开放后40年来学校由师范学院改办师范大学、数学学科由数学系到数学科学学院的发展巨变过程。事有巧合,高扬芝先生是南京师范学院数学系的第一任系主任,是数学系和数学学科的创始人,为数学系和数学学科的创设和建设做出了杰出的贡献;而我1994年至1998年担任南京师范大学数学系主任,是数学系最后一任系主任,将数学系发展为学院,将数学学科带上了一个新的台阶。1998年元旦,我结束了在德国的访学返回学校,回来后我就把主要精力放在数学系改建学院的策划和协调工作上。10月份,我担任南京师范大学副校长后,进一步推动并开始了筹备成立数学与计算机科学学院的有关事宜。

时光飞驰,物换星移。今天的南京师范大学数学科学学院拥有数学与应用数学、信息与计算科学、统计学、金融数学四个全日制本科专业,数学、统计学两个一级学科博士学位授权点,数学、统计学两个博士后科研流动站,数学、统计学两个江苏省重点学科,江苏省"大规模复杂系统数值模拟"重点实验室和江苏省空间大数据研究中心,数学学科是江苏省优势学科,数学与应用数学专业是江苏省本科重点专业、国家特色专业。其人才培养和科学研究水平受到业界推崇,成为国内数学教育与研究的重镇,正在向高水平研究型学院目标迈进。我相信,在以高扬芝先生为代表的一批前辈数学人精神的鼓舞下,后辈数学学人一定会更加发奋图强,为祖国的人才培养和数学事业发展、为南京师范大学建设有国际影响的高水平大学做出新的更大的贡献。

谨此向大家推荐《如芝如兰——女数学教育家高扬芝》这本书。

宋永忠
2018 年 9 月

目录

序……001
引　言……001

壹　早慧女孩（一九〇五——一九一九）

一、宣武门外……005

二、瑞英的童年……008

三、女子小学……011

贰　新文化的影响（一九一九——一九二四）

一、就读女师大附中……023

二、恩师教诲……029

三、人生志向……033

叁 就读北京大学(一九二四—一九三一)

一、数学系女生……041

二、师从名流……044

三、北大数学会……048

四、数学高才生……056

肆 数学会女评议(一九三一—一九四五)

一、暨南大学教授……065

二、到大同大学工作……069

三、数学会评议员……077

伍 时代变迁(一九四五—一九五二)

一、大同数学系主任……089

二、数学会女代表……100

三、思想改造……103

陆 建南师数学系(一九五二—一九五五)

一、筹办数学科……113

二、教学新追求……128

三、组建数学系……133

四、招收本科生……140

柒　奉调苏州（一九五五——一九五八）

一、三级教授……149

二、加入党组织……158

三、天赐庄浅说……164

捌　系科重建（一九五八——一九六〇）

一、再生的系科……177

二、教书育人……180

三、言传身教……190

四、绘就蓝图……197

玖　桃李天下（一九六〇——一九六六）

一、随园400号……205

二、华罗庚来了……211

三、启发式教学……217

四、春风桃李……221

拾　蹉跎人生（一九六六—一九七八）

一、内心隐痛……235
二、书生磨难……238
三、宁海路 207 号……247
四、先生走了……250

尾声：心愿……254

参考文献……258
高扬芝年表……263
后　记……266

引 言

1978年2月,有"东方最美丽的校园"之称的南京师范学院校园里,冬雪消融,绿意初染,悄然开放的蜡梅暗香浮动,一个不寻常的春天就要到来。

这一天,在一墙之隔的江苏省工人医院(现为江苏省人民医院)病房里,一位年过七旬戴着深度近视眼镜的长者,从病床边一步步挪到窗前,久久地伫立,深情地眺望南师校园,随后她从衣服口袋中拿出圆珠笔在一张纸头上不停地写着。片刻,她又抬起头,用手捋了捋额前白发,再次向校园深情地眺望着。

这位长者就是南京师范学院数学科创始人、首任数学科(系)主任、数学教育家高扬芝先生。她历经波折,已经走过了大半个世纪的人生。从1952年起,她在南京已经度过了近30年,将南师数学系看作是她自己的家。

刚刚过去的1977年是中国历史上崭新的一年,广大知识分子重新得到了尊重,南京师范学院数学系也走上了正轨。1977年冬天,高考恢复了,南师数学系将迎来120多名新生;第五届全国政协会议召开,高扬芝教授再次当选江苏省政协委员;工资补发了,她又可以上讲台教学了……好事一桩接着一桩,高扬芝真切地感受到了希望的喜悦,她将补发的2 000元工资作为党费交给了组织。

但长期疲惫的身体没能像这接踵而至的喜悦一样让她安心,高血压使她感到头晕目眩,甚至记忆不清。由于剧烈的头痛心悸,蛇年春节过后她住进了江苏省工人医院。

病房里,高扬芝先生常常站在北窗边,望着南师校园思绪万千。她想,"数学史讲义"要再修改;77级的课程要认真安排;教师还要回炉进修……耽搁了十年,要做的事太多了,她恨不得即刻回到校园工作,再走上讲台,再培养出几个数学苗子。

历经人间波折,高扬芝先生有一肚子的话,可她没有讲出来。今天,我们只能从她一生的经历中去寻找,去体会,去感悟她的人生……

壹

早慧女孩（一九〇五—一九一九）

> 我父亲是清朝的末科秀才，懂得一些中国文学，在1915年任旧政府的教育部办事员，每月薪金40元。我家有父母、兄和我共计四人勤俭度日，亲友很少，所以生活圈子很小。
>
> ——高扬芝《自传》

一、宣武门外

故事要从清末的北京城说起。

1905年,日俄战争结束;废科举,兴学校,已成大势所趋,在内忧外患中,清王朝开始了立宪准备。清政府终于要对自己君主专制的祖宗章法进行改良,为此派出载泽(1868—1929,晚清宗室大臣,立宪派的重要人物)等五位大臣出洋考察宪政。也就是这一年,孙中山在日本成立了"同盟会",同年,爱因斯坦以崭新的时空观阐述了相对论基本原理。民主和科学的大潮正在向古老的国度涌来。

◎ 图1-1 清末北京城宣武门外景象

初冬时分,京城笼罩在傍晚的炊烟中。宣武门外斑驳的城墙下,坐落着一些会馆①。早年清王朝的汉族官员多居于此,后来逐渐成为各地来京汉人的聚居地。由于多元文化融合,这里是晚清新文化产生、交汇、碰撞最为活跃的地区,影响中国近代史进程的一些重大事件大多发生于此。民国时期曾统计北京共有402所会馆,其中江西会馆就有65所,而江西会馆中又以江西南昌府新建会馆为最多,这与当地的科举之风兴盛有不可分割的联系。

农历十月廿十八傍晚,一个中年人急匆匆地从刚成立的学部所在的大木仓胡同走出来,在西单的街铺里买了几两芝麻糖,急匆匆地向宣武门外江西新建会馆②的家中走去。这个人就是高扬芝的父亲。他个头并不高,30多岁的样子,面容白皙,体态微胖。他是江西南昌新建人,姓高,早年在家乡考中了秀才,平时大家都称他"高秀才"。高秀才和同乡一起来京城谋生,不久将家也安到这里,目前在清朝学部衙门里当差,薪水勉强可以维持一家人的生活。此时街上尽是些穿长袍、拖长辫的清朝百姓,偶尔可以看到几个穿洋服的外国人。

妻子毛淑娴及3岁的儿子高扬华暂住在江西新建会馆的一个小院落内。内秀端庄的妻子虽不识字,却通情达理,一家人过着和谐平静的生活。妻子又有了身孕,高秀才只想多找点事来

---

① 会馆,某一地域或同业的人在京城、省城或大商埠设立的机构,主要以馆址的房屋供同乡、同业聚会或暂住。
② 据高扬芝《自传》,"1912—1919,北京市立第一女子小学毕业"。查得有关资料,此校在宣武门外。

贴补家用。这天和往常一样,一早高秀才就出门当差去了。

高秀才冒着凛冽的风雪,走进了胡同。一个街坊从他身边路过,招呼着:"高秀才,才回来呀?"他回头答道:"啊,回来晚了。"然后继续低头往家赶去。

◎ 图1-2 北京城普通胡同

天色渐渐地暗下来了,在家的妻子焦急地向窗外的大门望去。就在这时,她突然感到肚子痛起来,赶忙叫邻居到胡同中叫来了接生婆。又是一阵阵痛袭来,接生婆将她扶到了里屋床上。儿子扬华帮助找东西,接生婆里外不停地忙碌,屋里传出一阵阵呼痛声。

风停了,雪住了。这时屋里传出了婴儿响亮的啼哭声。

伴随着这啼哭声,高秀才快步跨进了门槛。他将手中的芝麻糖递给儿子,抖落外衣上的雪花,急匆匆向屋内走去。接生婆大声说:"恭喜秀才!家里添了个姑娘,秀才您儿女双全了!"高秀才快步上前,从接生婆手里将这个胖乎乎的女婴抱起。只见她不笑不闹,脸蛋通红,十分喜人。妻子笑着对丈夫说:"你可回来了,给这孩子取个名字吧。"

高秀才望着窗外枝头上厚厚的积雪,想了一下说:"她是'扬'字辈,就叫'扬芝'吧,瑞雪兆丰年,小名就叫'瑞英'吧!"妻子笑着点了点头。高秀才说:"瑞英来到高家,是好兆头啊!"

就这样,高扬芝降生在北京城宣武门外的一个小家庭。这一天,是1905年11月24日①。近代向现代的转变为高扬芝的成长提供了历史条件。当时由父母和未成年孩子组成的小家庭在京城中出现。小家庭阻断了数代同堂大家族关系的影响和束缚,经济独立,思想相对自由,容易接受新事物。在这样的家庭生活氛围中,瑞英一天天地长大了。

二、瑞英的童年

绿意悄上柳梢头,春意初染的会馆四合院中,瑞英一天天长大。童年时的她有一头乌黑发亮的头发,稚嫩的小脸上一双水灵的眼睛显得特别神气。活泼可爱、聪明伶俐的瑞英,既淘气又

---

① "大同大学教职工调查表"中,高扬芝的出生日期为1905年11月24日。

温柔,格外招人喜爱,小小的四合院里不时飘来她的笑声,这给高秀才一家带来了不少的欢乐。

1908年,光绪皇帝和慈禧太后先后驾崩,全城禁止娱乐。父亲怕瑞英生事,常常带回些书给她看,有意不让她出去玩。社会动荡不断,高秀才一家的生计也时好时坏,虽然疲于奔波,但一回到其乐融融的家里,他就能感到生活的希望。

高秀才一有空就教瑞英认识一些简单的汉字,大都是"天、地、上、下、大、小"及"桌、椅、门、家"等和生活相关的一些字。聪明的瑞英常常请父亲将自己听到的字写出来给她看,渐渐地,她认识的字多了。"一、二、三、四……"数字很快就都认识了,不久她就能通过街上的门牌号认识百位数,在家里能清楚报出胡同里人家的门牌号。

瑞英5岁了,父亲见她如此聪明,开始找些《蒙学读本》《三字经》《百家姓》之类的通俗读物给她看。像《蒙学读本》上的《励学歌》:"两小儿,同贤愚,及长大,各异途,一为人中杰,一为车前夫,人问何故分优劣,读书不读书之别。"瑞英都能背出来。虽然还没有上学读书,但在父亲指点下,瑞英在家中已经识得了不少字,家中的图画书她基本都能看得懂。

生活虽然清苦,但是在相对封闭、幽静的四合院中,一家人其乐融融。院里有花木、有天地、有亲人,很适合孩子成长。简单平凡的生活滋润了瑞英纯洁的心灵。渐渐长大的瑞英在胡同中结交了自己的玩伴朋友,还认识了叫卖糖果、蔬菜的小贩,修锁、修鞋的匠人等,她从他们身上学到很多生活常识和社会知识。

◎ 图1-3 绿树掩映的京城胡同

形成于元、明、清三个朝代的京城上千条胡同里,密布着大大小小的四合院。胡同不仅是城市的脉络,也是通向外界的纽带,承载着京城历史文化演进的故事。这胡同,就是父亲出去做事、哥哥去上学的道路。这道路,连着的是一个多姿多彩的外部世界。瑞英做梦都想走出胡同,看看外面的世界。

终于有一天,她和放学后的哥哥去了前门大街,很晚才回来,这让家人一阵好找。瑞英回来就挨了一顿骂,哥哥也受了罚。一个女孩子家,抛头露面地在外面疯跑,这在当时是不能为一般人所容忍的。

"看来只有给小瑞英裹脚了。"高秀才对正在做饭的妻子说。

看着被裹起脚来忍不住喊疼的女儿,高秀才痛心不已,但也只能安慰她说:"这也是为你好,你在家里可以多看些图画书,一样有趣。"

父亲又给瑞英找来了诸如《格致图说》之类的新书,不懂的地方父亲会一字一句地为她讲解。渐渐地,小瑞英与书籍成了好朋友,她慢慢地从中寻找到了乐趣。诸如《地理启蒙》上的"人居地上,当知地形。地圆如球,故曰地球"等知识慢慢地启发和引导着小瑞英的思维,让她一时忘了脚疼。

《蒙学笔算教科书》是小瑞英最感兴趣的一本书,她看了一遍又一遍。之后她就要父亲多找一些这方面的书。这些书潜移默化地培养了瑞英对数学的最初兴趣。瑞英对数字尤感亲切,简单的加减法一口就能算出,她在数学方面的天赋初显。数学是自然科学的基础,培养的是理性观念和逻辑思维。《蒙学笔算教科书》关注了儿童的接受能力,读来不感吃力。科学精神和社会演进观念在瑞英心中扎了根。看到瑞英如此喜欢数学,母亲常常让她帮忙计算家里的开销。

清末局势动荡不安,高秀才在学部衙门的差事丢了,家里的日子更加艰辛。宣统三年(1911年),辛亥革命爆发,1912年1月1日,中华民国建立。

7岁的瑞英对社会上发生的事情一知半解,她一心想着读书,数学成了最吸引她的东西。

三、女子小学

瑞英能上学,得益于清末民初新教育的开化推广。1904年,清政府公布《奏定学堂章程》,是年为旧历癸卯年,故称"癸卯学制",其宗旨是:"以忠孝为本,以中国经史之学为基,俾学生心术壹归于纯正,而后以西学瀹其知识,练其艺能,务期他日成才,各适实用。"初等教育成为该学制完整体系中的第一个阶段,分蒙养院、初等小学堂和高等小学堂三级。新学制大大促进了新式学堂的发展,一直沿用至1911年。到1912年9月,民国教育部颁布《学校系统令》,规定初等教育七年(初小四年为义务教育、初中三年),并贯彻男女平等原则,此学制史称"壬子学制"。

◎ 图1-4　1916年的北京城小学生

民国初年,建新式女子学堂已成潮流。女子学堂既是进行女子教育的场所,也是重要的社会公益机构。到女子学堂读书,逐渐被国人所认可。有识之士纷纷大声疾呼:中国的新教育就是解放女子的教育。瑞英有两条道路可以选择:一是在家里学习女红和做家务,遵从父母之命出嫁,相夫教子,终老一生;二是进新式学校读书,学习新文化,成为服务新社会的女性。

对于高秀才来说,要负担两个孩子读书的费用确实有困难。清王朝结束了,高秀才的差事没有了着落,只能打零工,一家四口勉强糊口,儿子已经读书了,要再负担瑞英去上学的费用,是不现实的事。

饭桌上,瑞英喜欢听哥哥讲学校里的事情。有一次哥哥提到一些办女校的事,这时她扬起天真的脸问父母:"我什么时候可以去上学啊?"听到女儿稚嫩的话语,母亲不敢面对瑞英一双渴望的眼睛,只能不时地望一下默默吃饭的高秀才。

1912年1月1日,中华民国临时政府在南京成立,孙中山就任临时大总统。3月10日,袁世凯在北京就任总统,政府也由南京迁至北京。5月,教育部迁到了北京。

此前,高秀才旧日的同事告诉他,教育部将迁来北京,清廷学部的成员都可转入民国教育部任职,并问他去不去。正愁家里揭不开锅的他就很爽快地答应了。[①]

◎ 图1-5　1915年中华民国教育部全体人员合影

不久,当局号召和动员百姓让女孩子出去读书,在教育部当差的高秀才就想到了女儿瑞英。这天,高秀才回到家中格外开

---

① 关晓红.晚清学部研究[M].广州:广东教育出版社,2000.

心,他对瑞英说:"过两天小学就要开学了,你想不想去上学呀?"瑞英的眼睛瞬间亮了,高兴地跳了起来喊:"娘,我能上学了!"瑞英母亲在一旁欲言又止。

高秀才对妻子轻声说:"瑞英这孩子聪颖,上学可能是条出路,就让瑞英去上学吧。我现在虽然收入不多,但还算稳定,可以供他们兄妹俩上学,我们在吃穿上俭省一些就是了。"瑞英母亲点头称是,随后含着泪,亲自为瑞英解开了脚上的缠脚布。

当时,社会上大力提倡女性解放,其主要内容一是上学,二是放足。瑞英要上学了,当然也就不用再裹脚了。

瑞英高兴坏了,她脸上一天到晚挂着笑容,整个人蹦蹦跳跳的。过两天她就可以迈开自己自由的双脚和哥哥一样背起书包去上学了。瑞英将摆脱旧社会封建习俗的禁锢,得到肉体和精神上的双重解放。走出胡同,她会看到一片新天地。

1912年9月,高秀才带瑞英去了离家很近的外城官立第一两等女子小学堂报名。① 这所学校原是创办于1907年的外城私立女子传习所,1909年改为京师外城官立第一两等女子小学堂,1920年改为京师公立第一女子初高等小学校。②

报名时,老师要进行简单的面试,轮到瑞英时,老师问:"高扬芝,你们家里几口人呀?"瑞英先是一愣,马上意识到高扬芝就是自己。这是瑞英第一次听到有人叫自己的大名。她笑着答道:"爹、娘、哥还有我,共4口人。"

---

① 郑文奇.宣南文化便览[M].北京:文化艺术出版社,2002.
② 北京市立第一女子小学,后更名为京师公立第一女子小学,位于宣武门外的绳匠胡同,今菜市口胡同。

老师点了点头,摘下眼镜,指着圆形的镜片问:"认识这个形状吗?"扬芝想起了自己看过的书,就说:"是圆呀。"老师又问:"家里东西中有这样的圆吗?"扬芝想了想说:"家里的水缸、大门上的门鼻、吃饭的碗和娘做饭的锅都是这个圆形。"老师戴上眼镜,笑着对她说:"高扬芝同学,明天可以来这儿上学了!"高扬芝顺利地被录取为小学生,这是她人生的起点。小扬芝上学了,她将会走上一条与她母亲截然不同的人生道路。

当时初等小学开设有修身、国文、算术等课程。她的世界不再只有那小小的、方方的四合院了,她还在学校里认识了老师和新的同学。扬芝常常和伙伴们一起去上学,她走出了胡同,知道了北京城;在课本上学到的很多新知识,打开了她对新事物的好奇心。父母看着小扬芝每天都很开心,由衷地感到欣慰。

◎ 图1-6 民国算数课本书影　　◎ 图1-7 《新修身》书影

1913年9月,高扬芝读初小二年级。学校增加了手工、图画、唱歌等课程,这些扬芝都很喜欢。高扬芝对美最初的认识就是从这里开始的。

一天,国文老师上课时说:"今天我们要学习课文《放风筝》,读过这篇课文的同学请举手。"这篇课文扬芝上课前就会读了,于是她就把手高高地举了起来。老师说:"好,我们请高扬芝同学来读一下。"

放风筝

青草地,放风筝。汝前行,我后行。

扬芝高声地朗读着,她读得十分清楚,富有感情。朗读中她分明看见了青翠的草地、湛蓝的天空,她的心随着高飞的风筝升上了天空。

"高扬芝同学读得好不好呀?"老师问。同学们都为她鼓掌。扬芝第一次感受到了被认可的喜悦。

扬芝对《三只牛吃草》《母亲的针线》等课文都由衷地喜欢。每读一遍,都会有新的感受。她太爱这些课本上的文字了,太爱自己的学校了。

老师告诉她,世界上的事物太多了,一个人用一辈子的时间也不可能完全知道,但只要有恒心,用对方法,就能懂得更多。听了老师的话,扬芝不住地点头。

扬芝从民国课本中,学习到了系统的文化知识,感受到了美好的情感,坚定了爱国情感,同时树立了科学的价值观、人生观和世界观。

在课堂上,老师还常常向学生们传授一些品德修养方面的知识。比如扬芝读到过一篇课文《鸦》。

鸦

  鸦渴甚,见有水瓶,在庭中,欲饮之。瓶深水浅,鸦竭力伸喙,卒不得饮。仰首若有所思,遽飞去。衔小石至,掷瓶中。往返十余次,石积水升,鸦遂得饮。

扬芝就想,一只小小的乌鸦在遇到困难时,都能自己想出办法,通过自己的努力解决问题。人比动物要聪明得多,在遇到困难时更要想尽办法克服,战胜自己,赢得胜利!扬芝变了,放学后她不再去街上疯玩,而是在家里看书、写作业,有时也会帮助母亲做些家务。看到扬芝越来越懂事,家里人都感到无比地高兴。

扬芝对《最新修身教科书》第四课课文《坚忍》有自己的切身感受。

  李二曲年十六,丧父,家贫甚,无力从师,母彭氏自教之,母子相依。或一日不再食,或连日不举火,泊如也。二曲卒能自拔于流俗,为关中大儒。

扬芝读了这篇课文,不由地想起了自己的家。"父亲为了家,每日在外辛苦当差,母亲在家里勤俭持家,操心一家人的一日三餐。我虽然是一个女孩子,但是上学的机会是父母省吃俭用换来的,我一定要学到真本事,将来可以回报父母的爱。要像老师说的那样,多学本事,将来做个对社会有用的人。"这篇课文在扬芝的心里种下了求学上进的种子,成为她自我奋斗的精神动力。

"仁义礼智信、温良恭俭让",这些中华民族的传统美德,在《最新修身教科书》中十分突出。课本上《自重》《去伪》《御侮》

《坚忍》《知耻》《改过》《立志》《恒心》《名誉》等课文在扬芝心中留下了深深的印记。这些讲伦理，说审美，倡导良好生活习惯，注重品德、公德教育的课文内容，都很好记，直白平实的故事让小扬芝明白了许多道理。扬芝在新式教育中汲取着能量，从一个不谙世事的清朝小女孩蜕变为开化的民国新人。近现代教育体系的日渐完善使扬芝获得了难得的教育机会，社会的变革改变了她的人生走向。

扬芝十分喜欢上学的日子，她在学校里发现了新天地。她的老师对父亲说："这个孩子很聪明，一定要让她读书，将来定有大用。"父亲当然了解扬芝很有悟性，下决心省吃俭用继续供她读书。1915年，高秀才在北洋政府教育部谋到了一份新差事，每个月有40元的收入，家里四口人过着祥和的生活。

◎ 图1-8 1914小学女子国文教科书书影

女子初高等小学校开设的课程有：修身、国文、算术、编物、历史、英文、体操、音乐、唱歌、国画等，这些课程扬芝都很喜欢，对算术课尤其感兴趣。老师也常常把一些比较难的算术题目布置给她做。学校里教的四则运算，扬芝很快就领会了。她还能帮助老师给同学们讲解呢，因此常常得到老师的表扬。扬芝上到小学七年级，已学到了很多知识。在家里，遇到不知道的事，母亲都要来问扬芝和她哥哥。而计算账目这样的事，常常是母亲刚报出个数,扬芝就能随口答出来。

一天,算术老师下课前出了一道"鸡兔同笼"的问题:"今有雉兔同笼,上有三十五头,下有九十四足。问雉兔各几何。"希望同学回家去想想。第二天算术课上,老师问:"昨天的问题有同学会做吗?"同学们都摇头说不会。

这时老师将目光投向一直低头演算的高扬芝,便问她:"高扬芝同学,你能算出来吗?"这时,小扬芝抬起头站起来说:"答案是12只兔,23只鸡。"老师高兴地向她点了下头说:"你的答案是对的。"

同学们都用惊讶的目光看着她,老师便请她到黑板上写下算式,她从容地在黑板上写下了:

$$(94-35\times 2)\div 2=12(只)$$
$$35-12=23(只)$$

老师请她把自己的思考过程告诉大家。她向同学们耐心细致地讲解道:"总脚数减去总数乘以鸡的脚数,得数再除兔的脚数与鸡的脚数之差,即得到兔的数量;总头数减去兔的数量便得到最后鸡的数量。"扬芝向同学们娓娓道来,大家都为她鼓掌。

老师夸赞道:"高扬芝同学回答得很好,说明她很会动脑筋,大家要向她学习!"在老师和同学们的眼里,扬芝称得上是一个算术天才。

高扬芝实现了她走出那条胡同的梦想,学到了科学知识,感受到了正在变化的世界。高扬芝是幸运的,如果没有民国新式教育的兴起,她就不可能接受现代文明的教育,也就不会有后来的成就。

◎ 图 1-9 京师公立第一女子小学校学生合影

1919年,高扬芝就要小学毕业了。自民国成立以来,高扬芝是第一批在"壬子学制"体系下教育出的新国民。面对全新的国家,高扬芝和同学们对自己的未来也充满了期盼。

贰

新文化的影响(一九一九—一九二四)

> 当我在中学读书时,有数学教师程廷熙,讲课很清楚,对学生和霭(蔼),循循善诱,诲人不倦,我很钦佩他。
>
> ——高扬芝《自传》

一、就读女师大附中

民国初年,北京城风谲云诡。

1919年1月,第一次世界大战中的战胜国在巴黎召开"和平会议"。在列强们的操纵下,会议拒绝了战胜国中国收回山东主权的要求,在《对德和约》上规定把德国在山东的特权全部转让给日本。懦弱的北洋政府竟准备在和约上签字,这激起了中国人民的强烈反对。5月4日爆发了一场以青年学生为主,各阶层广泛参与的爱国运动,史称"五四运动"。

14岁的高扬芝梳着一条油亮的大辫子,白皙脸颊上一双明澈的眼睛透着聪慧,这时的她已经出落成一个漂亮姑娘了。在那个激荡的社会中,高扬芝长大了,逐渐明白了社会上发生的事。

一天,国文老师在课堂上向同学们讲述了城里发生的学生爱国运动。虽然还是学生,高扬芝和同学们还是被老师的爱国情绪感染,个个义愤填膺。放学回家的路上,她和同学们看到走上街头的北京大学学生正在向民众慷慨陈词:

同胞们,醒来吧!德国侵占青岛,日本侵占青岛,我们的国土正在被列强肆意抢夺!

同胞们，拒绝在丧权辱国的条约上签字！中国的土地不可分割，中国的人民不能低头！

只见他们三五成群，挥动着旗子，在街头逐门逐户地宣传。劝说商店不要销售日货，反对日本对中国主权的侵犯，反对卖国的军阀政府。北京女子师范学校附属女子中学（北京女师大附中）的学生也上街了。她们手持写着"还我青岛！""惩办国贼！"的小旗走过高扬芝的学校。高扬芝和同学们见了，十分震惊。女子能走上街头示威，在"五四"以前是不能想象的。女学生高喊口号，浩浩荡荡地走上北京街头示威游行的壮观场景，对于当时保守的中国来说史无前例。

◎ 图2-1 北京女师大附中学生参加五四运动

发生在北京城里的五四运动给扬芝心灵上带来前所未有的震撼。她看到谨言慎行的女学生也能为国家大事奔走呼号，十分激动和羡慕。尤其当她看到北京女师大附中学生在街头示威游行的英姿后，对到北京女师大附中求学产生了强烈的向往之情。高扬芝心想：自己也是一个女孩子，只要多学本事，照样也可以为国家做事。

五四运动发生后的秋天，高扬芝以优异成绩考入在京城享有盛誉的北京女子师范学校附属女子中学。①

这所学校当时位于北洋政府教育部北面的辟才胡同。为便于孩子上学，高秀才在同事的指点下，在宗帽胡同找到了住处。② 宗帽胡同地处北京城西南角，这里尽是四合院，只有南面有个太平湖。远望南面和西面，高大的城墙上，辉煌的角楼高耸于蓝天中，分外壮观。这是地处内城的西南角一片四合院区，房租要比城南贵一些，但这里非常僻静，适宜居住。

◎ 图 2-2　北京女子师范学校附属中学校门

---

① 北京女子师范学校附属女子中学于 1917 年 3 月建立。1924 年 7 月更名为北京女子师范大学附属中学。1931 年 7 月 1 日，随着北京女子师范大学与北京师范大学合并，该校成为北京师范大学附属女子中学。1949 年 5 月 9 日，华北育才中学女生部并入。1952 年 8 月，私立文华女中、华北中学先后并入，并且学校迁到二龙路甲 14 号。1955 年 9 月，学校由中央教育部直接管理，并改名为北京实验中学。1964 年 8 月，学校由北京师范大学收回，恢复"北京师范大学附属女子中学"校名。1968 年，学校结束 50 年女校历史，开始兼收男生。1972 年，学校更名为北京 150 中学。

② 1924 年国立北京大学同学录第 8 页中有"高扬芝，别号：瑞英，江西新建，预科部一年级，21 岁，在平通讯处：宗帽四条五号"的记载。

高扬芝和同学一样,穿一中式白上衣,深色长裙,十分漂亮。她学习认真,品学兼优,很快就成为班上的佼佼者,同时她与同学们相处融洽,也有一定的威信,大家都很喜欢她。

这一时期,中学数学课程分算术、代数、几何和三角法四科。高杨芝对数学的兴愈加浓厚,学习起来也倍加用功。

◎ 图 2-3 民国中学代数学教科书书影

其时,每年学校都要组织学生修学旅行,一般会去名胜古迹游览一番。高扬芝写有一篇《本校每年春间修学旅行各记其目的地》的文章,其中表露了她的一些想法。

当时学校学生分有两部分,一部分为将来升学,另一部分为日后从事职业。高扬芝为前一部分,虽然家境贫寒,可她已将日后升学确定为自己的奋斗目标。

高扬芝的这篇随笔说明她在中学就已具有了正确观察事物、分析问题的能力。她的结论也是较为朴实和符合客观实际的,表现出她将来从事科学的素质。

还有一篇文章可以向我们展现出高扬芝不一般的辩证思维能力。这篇文章缘起于一则日常谈话。

一天,高扬芝和同学在图书室里看书,有个女同学问她:"扬芝,昨天我做了一梦,梦见自己变漂亮了,要是真的就好了。"高扬芝认真想了想,对她说:"我想是真的。"

同学用疑惑的眼光看着她,高扬芝说:"假若你尚在梦中,醒的时候看到的真,也不一定是真的。"

后来,高扬芝将此事以文言文的形式写成了文章——《觉梦虚实之辨》,刊登在1924年第三期《辟才杂志》上。《辟才杂志》是女附中早年创办的,上面会登载一些精彩的文章。

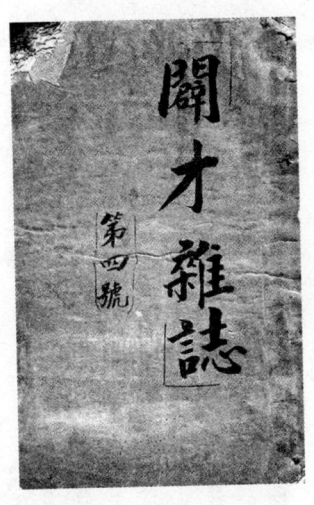
◎ 图2-4 《辟才杂志》封面

觉梦虚实之辨

世人皆以觉境为实,梦境为虚;终日碌碌然以忧乐为事。噫!其愚诚不可及矣。夫人体之盈虚消息,皆通于天地,应于物类,觉乃形之所接,梦乃神之所交;故一生之觉与梦,不过百年间之幻化耳。奚以辨其虚实哉?或曰:"君言良是矣,然余生已数十年,于此数十年中,觉梦各半,而觉时之所见,则诚有其物,屡经考察而无讹;梦境之所见,一觉醒来,皆归子虚;是岂非觉实梦虚之征乎?"曰:"人于梦境之所见,固虚无其物也,然当其在昏沉梦寐中,有能觉其为虚者耶,及其豁然而醒,则亦哑然自笑其愚矣。故人以觉时之所见为实者,不过尚昏沉于梦寐中,而未真觉耳。苟真觉者,则觉时之所见,亦无一非如梦之虚矣。是故古之真人,其觉自忘，其寝不梦，几虚语哉？”①

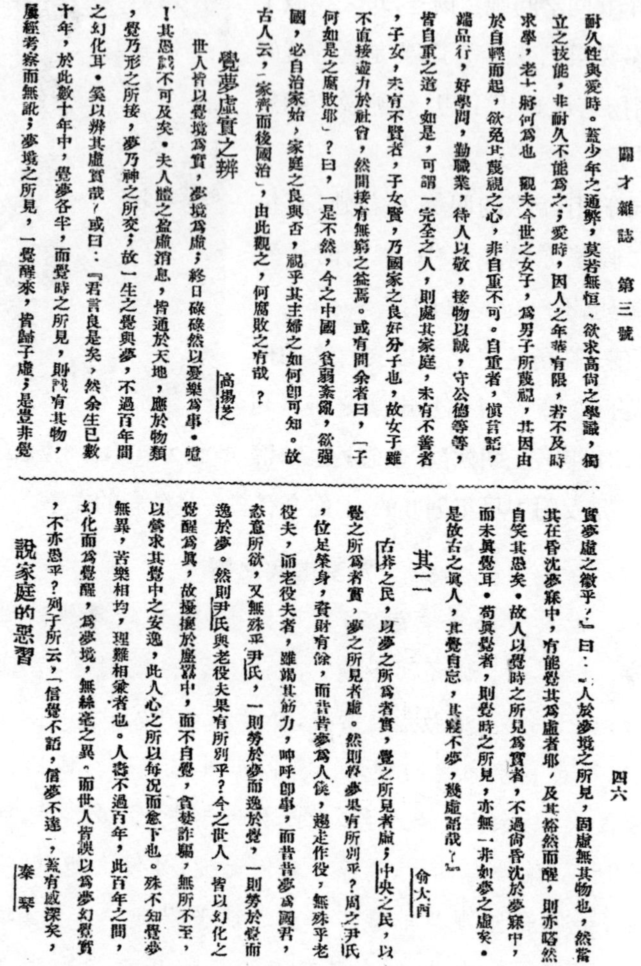
闢才雜誌　第三號

四六

耐久性與愛時。蓋少年之通弊，莫若無恒、欲求高尚之學識，獨立之技能，非耐久不能爲之；愛時，因人之年華有限，若不及時求學，老大將何爲也　觀夫今世之女子，爲男子所蔑視，其因由於自輕而起，欲免其蔑視之心，非自重不可。自重者，愼言語，端品行，好學問，勤職業，待人以敬，接物以誠，守公德等等，皆自重之道，如是，可謂一完全之人，則處其家庭，未有不善者，子女，夫有不賢者，子女賢，乃國家之良好分子也，故女子雖不直接盡力於社會，然間接有無窮之益焉。或有問余者曰，「子何如是之腐敗耶」？曰，「是不然，今之中國，貧弱紊亂，欲强國，必自治家始，家庭之良與否，視乎其主婦之如何即可知。故古人云，「家齊而後國治」，由此觀之，何腐敗之有哉？

覺夢虛實之辨

高揚芝

世人皆以覺境爲實，夢境爲虛；終日碌碌然以憂樂爲事。噫！其愚誠不可及矣。夫人體之盈虛消息，皆通於天地，應於物類，覺乃形之所接，夢乃神之所交；故一生之覺與夢，不過百年間之幻化耳。奚以辨其虛實哉？或曰：『君言良是矣，然余生已數十年，於此數十年中，覺夢各半，而覺時之所見，則誠有其物，屢經考察而無訛；夢境之所見，一覺醒來，皆歸子虛；是豈非覺實夢虛之徵乎？』曰：「人於夢境之所見，固虛無其物也，然當其在昏沈夢寐中，有能覺其爲虛者耶，及其豁然而醒，則亦嗒然自笑其愚矣。故人以覺時之所見爲實者，不過尙昏沈於夢寐中，而未眞覺耳。苟眞覺者，則覺時之所見，亦無一非如夢之虛矣。是故古之眞人，其覺自忘，其寢不夢，幾虛語哉？」

其二

俞大酉

古莽之民，以夢之所爲者實，覺之所見者虛；中央之民，以覺之所爲者實，夢之所見者虛。然則覺夢果有所別乎？周之尹氏，位足榮身，資財有餘，而昔昔夢爲人僕，趨走作役，無殊乎老役夫，而老役夫者，雖竭其筋力，呻呼即事，而昔昔夢爲國君，恣意所欲，又無殊乎尹氏，一則勞於夢而逸於覺，一則勞於覺而逸於夢。然則尹氏與老役夫果有所別乎？今之世人，皆以幻化之覺醒爲眞，故擾擾於塵囂中，而不自覺，貪婪詐騙，無所不至，以營求其覺中之安逸，此人心之所以每況而愈下也。殊不知覺夢無異，苦樂相均，理難相兼者也。人壽不過百年，此百年之間，幻化而爲覺醒，爲夢境，無絲毫之異，而世人皆誤以爲夢幻覺實，不亦愚乎？列子所云，「信覺不語，信夢不達」，蓋有感深矣，

說家庭的惡習

秦琴

◎ 图 2-5　高扬芝《觉梦虚实之辩》书影

① 高扬芝. 觉梦虚实之辨[J]. 辟才杂志,1924(3).

这篇文章从辩证思想讲述了一个关于梦的真假的事,生动有趣、引人入胜、入情入理,将一个道理用文言表达得明白生动。虽然写的是文言文,但它的内容体现的是现代科学抽象逻辑和系统客观唯物思想,这是受了"五四"新文化熏陶的结果。

九月的一天,秋高气爽,高扬芝起得很早,心中格外高兴,因为她今天要去学校参加校庆日活动。父亲也起来了,对高扬芝说:"今天和你走一段。"一路上,扬芝不停地对父亲讲着学校里的趣事。父亲告诫她说女孩子在外容易受人欺负,要多学些本领才行。

扬芝对父亲说:"程老师说,民国了,今后只要有本事,女生一样可以出来做事。我将来想当一名像程老师一样的中学数学老师来养活爸妈。"

父亲看着女儿高兴地笑了。穿过南沟沿,向东不远就到教育部,往北就是辟才胡同里的北京女师大附中。高扬芝与父亲分手后,高兴地向学校走去。

二、恩师教诲

高扬芝跟父亲说到的程老师就是她的数学老师程廷熙①。

---

① 程廷熙(1890—1972),字春台。从 1927 年 8 月到 1931 年 7 月,任北平师范大学数学系讲师、教授、附中教员。1931 年 8 月至 1932 年 7 月任中国学院教授,兼北平师范大学附中教员。1932 年 8 月后任北平大学工学院讲师、教授,兼课务庶长。他是我国数学教育的开拓人、启蒙者之一。

◎ 图2-6　程廷熙先生

程廷熙先生是最早一批由清政府派往日本学习数学的留学生之一。自甲午海战后，我国数学教育整体水平开始落后于日本，那时一大批有志于振兴我国数学事业的中国学生，忍辱负重，赴日学习，回国从教，开启了我国近现代数学教育事业的复兴之路。他回国后在北平高等师范学校附中任教员，后又继续深造，1923毕业于北京师范大学数学系数学研究科，获理学学士学位。曾历任北京(平)师范大学数学系讲师、教授、附中教员。

程廷熙先生对中学数学有着深入的研究，曾编写过初中代数学教科书，对中学数学教育产生了较大的影响。他和蔼可亲，传授学生知识时总是循循善诱，十分受学生爱戴。

这天，程老师来上几何课，只见体态高瘦的他夹着点名册来到教室，用一口皖南官话，一字一句地讲开了点、线、面的定义："今有一物，难命其名，称之为点。此乃线、面、体之基也。"他接着解释道："这个看似一般的定义，其实是唯一正解的定义，因为它本身不可能再从别的什么地方推导过来。"

高扬芝起先听不懂程老师的安徽方言，但不久就越来越习惯了。高扬芝对程老师神奇的数学课着迷了，她一步步地随程老师走进了数学的奇妙世界。

这时，一名学生一直盯着程老师的脸出神，程老师看出她并没有跟着他讲课的思路，就拿出点名册说："同学你有什么问题吗?"这位学生站起来不好意思地说:"我……我……我在想你的鼻子为什么这么大啊!"所有同学都哄堂大笑起来。

程老师笑了笑说:"从我的鼻子可以推测我的祖上可能是外国人。不过要算出我鼻子的体积,就要先学好几何。我们还是看一下黑板上的几何问题吧。"程老师在黑板上用粉笔点了个点,然后徒手一笔画出了一个极其标准的圆,转过身来问同学:"它像什么啊?"同学们纷纷举起了自己的手,跟老师热烈地交流,高扬芝和全班同学一起在愉快的氛围中又重新回到愉快的数学学习中去。

程廷熙先生很善于调动学生对数学的兴趣,非常重视素质教育。他认为中学生要有自己独立的价值观,要让每一个学生的人格得到充分展现,知识得以运用,视野得以开拓,从而初步形成对世界、社会和人生的正确理解。

高扬芝爱上了程老师教的数学课。听了他的课,她觉得数学逻辑性强、浅显易懂,一点都不难,学习起来格外轻松,只要平时听懂了,复习、考试也不太费力。渐渐地,高扬芝对学习数学越来越感兴趣。课间,高扬芝会与同学讨论一些有趣的数学题目。程老师看在眼里,喜在心里,常借一些数学课外书给她看。她对数学如痴如醉,在程老师潜移默化的影响下,高扬芝的学习积极性被有效地激发出来。高扬芝也特别爱上程老师的课,数学课的成绩总是排在年级前列。

高扬芝在课余时间经常看一些数学方面的书,遇到不懂的地方就去向程老师请教。一天,她看到了一本介绍几何的书,有一道题目怎么也弄不懂,题目是这样的:

在边长为1的正方形内任取5点,则其中至少有两点,它们之间的距离不超过$\sqrt{2}/2$。

　　高扬芝用心钻研了好几天,还是不会做,便去请教程老师。程老师告诉她要解决这道数学题目,就要用到勾股定理和抽屉原理,把边长为1的正方形分成4个边长为1/2的小正方形,则小正方形的对角线长为$\sqrt{2}/2$。在大正方形内任取5点,则这5点分别落在这4个小正方形中。所以,至少有两点落在同一个小正方形内,它们的距离小于或等于小正方形对角线的长度。高扬芝马上明白了这个题目。程老师就将自己写的《初级混合数学》一书和《数理杂志》上的文章介绍给她。高扬芝从中获得了很多数学知识,拓宽了眼界。

　　高扬芝从程廷熙老师身上不仅学到了数学知识,还学到了服务社会、实现人生自我价值的坚韧精神。高扬芝立志要做一个优秀的数学教师,做一个对社会有用的人。

　　北京女师大附中自由的文化氛围,优美的环境,使思维活跃的高扬芝在数学上的天赋得以充分显现。程廷熙老师在中学时期给她打下了坚实的数学基础,同时对数学学习的正确引导也使她逐渐成熟了起来。高扬芝在自传中写到程廷熙先生时,将他奉为一生中最钦佩的老师。

　　后来她曾回忆说:是程廷熙老师促使我确立做一名数学教育工作者的最初志向。

　　在高扬芝一生中,程廷熙先生不仅激发了她对数学的兴趣,传授了不同于传统教育的数学知识,程廷熙先生的言传身教更将高扬芝引向了数学教师这一职业。

三、人生志向

秋去冬来,高扬芝一天天长大了,炯炯有神的眼睛充满了自信,这年她已经读到了高中。

每天,母亲起床就在屋外将煤球炉生上火。高扬芝和哥哥起来在炉子旁边看书,父亲也起来了,帮着给炉子加煤。早饭之后三人就一起走向胡同口,上学、上班去了。三人走后,母亲就去菜场买菜,开始她一天的劳作。中午大家回来吃饭,再去上学、上班,直到晚上大家回家,围在炉边吃晚饭。幸福温馨的家庭生活在平静中度过,高扬芝和哥哥的学习成绩也不断地进步。

高扬芝在学校最常去的地方是图书室。图书室收藏有《儒林外史》《三国演义》《说岳全传》等一类古典小说,也有《新青年》等杂志,再有就是科学技术类图书,高扬芝一有空就到那里去借书。高扬芝在校图书室中也看了《新青年》等一些进步的杂志,对社会发展也有所关注。"文学革命""国语运动"促使国文课程改为国语课程。高扬芝学习了白话文,在高中学习时,她已经能写出流畅的白话作文了。

一天,哥哥扬华给扬芝讲了他的一个同学在北海门口打车夫的事。高扬芝听后非常气愤,后来她就此事写了一篇题为《黑幕》的白话作文,讽刺了社会上只喊口号、言行不一的人,有一定的社会意义。

黑　幕

一株绿叶丛丛的槐树,周围满布着头自己的阴荫;那阴荫底下有一间洋式房屋,这房屋便是学生自修室,温和的春风,时时穿过自修室的门窗;美丽的日光,忽隐忽显,在绿叶的孔隙间,我倚坐在窗户的旁边,非常沉寂的领略天然的神秘。

半晌功夫,我无意识的忽然伸手拿起案头一本杂志,随便翻阅,见上面标着几个大字"劳工神圣,资本万恶。"八个字,我好像受了有刺激性的药品似的,振起很兴奋的精神,将杂志上的文字,逐字句看来,那种慷慨激昂的神情,全表现在那文字上面。于是很注意的去查看作者是谁,一见下欵的署名,不禁很惊异的自语道:"是他的稿子么?日日和他相处,却不知道他有如此高尚的思想;然而看他平日的自负心,可相信他的确有如此纯洁的头脑。"于是怀着极大的希望去访他,问了好几处,才知道他到公园去了,于是我也到公园去。将进园门时,看见许多人拥挤在一处,园门的交通,已经杜绝。我在人众的隙中,望见我所急切要相会的同学,正在怒气冲冠的打洋车夫①;并且口中喃喃责骂,车夫却声声讨饶,我赶紧分开众人去劝解他,他见我来,始恨恨的

---

① 洋车夫,19世纪末从日本引进的用人力拖拉的双轮客运车,北京叫洋车,拉车人即洋车夫。

进园去了。我遂问他道:"'劳工神圣,资本万恶'的稿,是足下所投的么?"他很谦恭的道:"正是拙作。真是见笑得很!"唉!可怪他的文字,有那样好,不意他的行为,竟和他的言论是背驰的!

以上这一席话,是我与家兄在灯下谈话时,家兄告诉我说,"他在日间相遇的。"我很奇怪,为什么现在的人,言论和行为,往往是背驰的?这不是文人的污么?不是文字的黑幕么?"宇宙之大,何奇不有?"这话诚然,恐怕就是国家政法,也有时黑幕重重,像这样言行相违的必不少。如此这样一个文人的诈骗,又何足为奇呢?①

这篇文章讲述了敏感的问题,言之有物,包含着新文化影响下青年人的正义感和锐气。

高扬芝接受了新文化运动的洗礼,成为一个富有正义感的知识青年了。她立志不做两面三刀的政客,以坚韧的精神向民众传播科学知识,以自己的能力、良知和正义去改造社会。即使力不从心,也绝不与恶势力同流合污、沽名钓誉。高扬芝写的这篇作文行文流畅、说理性强,由此可以看出她接受了新文化的熏陶,具备较为深厚的新文学功底,具备了社会意识、正义感和民主思想。

徐合璧同学与高扬芝同住宗帽胡同,二人家离得很近,常常一起上下学。一天,她们一起回家,高扬芝问徐合璧:"将来,你想去干什么?"

徐合璧想了想说:"将来我要当一名记者,为天下的妇女做

---

① 高扬芝. 黑幕[J]. 辟才杂志,1924(3).

些事。当然我要找一个重感情的丈夫,有一个和谐的家庭,生好多个孩子。"

高扬芝笑着说:"你也不嫌害羞,连这种话也敢说。"

徐合璧笑了一下,问:"扬芝,将来你想干什么?"

高扬芝说:"知不知道居里夫人? 她是一个外国女科学家。我将来要当一个中国的女科学家。"

徐合璧说:"不知道。你怎么知道这么多事啊?"

高扬芝说:"是从图书室的书上看到的。"

徐合璧觉得高扬芝懂的真多,怪不得程老师和校长都喜欢她。

毕业前夕,北师大数学系傅种孙(仲嘉)先生应邀来女附中讲演,他讲的题目是《函数概念》,坐在前面的高扬芝有幸与傅先生近距离接触,很认真地听了这一精彩讲演。①

> 今天我所讲的题目是"函数概念"。"函数"这两字原是在数学上用的。在初学的时候很不易了解。我今天要讲数学以外的函数概念。……因为假若偏于数学里面的不但高深,并且干(枯)燥,不如先讲数学以外的比较通俗有趣味。
>
> ……
>
> 再说函数是什么呢?如"某人之父",就是函数。这某人并未指定是谁,若某人指武王,那么某人之父就是文王,

---

① 田玉琴,张光禄,张湘琴. 傅仲嘉先生讲演函数概念[J]. 辟才杂志,1923(2).

简言之"某人之父"是随着某人而变的。这种变数我们叫他做函数。明言之,函数就是"关系"某物之函数,就是某物之"关系者"。

接着,傅先生又讲了函数与变数的关系、逆函数与逆关系、函数与函数、关系与关系等内容,同学们听了都觉得受益匪浅。高扬芝从傅先生的讲演中深受启发,心想数学原来还可以这样讲,真的很奇妙。她对能将数学之美精妙地传授给学生的傅先生崇拜万分。她决定将来一定要当一名会启发学生智慧的数学老师。

1924年,高扬芝中学毕业了。在"五四"新文化运动影响下高扬芝成长起来。新文化运动是一场解放思想的运动,在新文化运动中青年学生得到了一次新的思想大启迪,中国得以向现代文明的前景迈进。"五四"新文化运动的兴起,为高扬芝日后的发展奠定了思想基础。

◎ 图2-8 民国女附中合影

民主、科学是五四运动的主旨,而科学技术则是核心,在以追求科学,特别是近现代科学为内容的新文化运动影响下,高扬芝有了自己的目标。

志存高远正扬帆,高扬芝在内心中已把下一段人生的起点定在了北京大学数学系。

叁

就读北京大学（一九二四—一九三一）

> 当我在北京大学读书时(1925—1930),我仅希望学好学校所开的各种课程,不喜过问外事。
>
> ——高扬芝《自传》

一、数学系女生

高扬芝久已向往的北京大学是新文化运动的摇篮,民主、科学思想聚焦之地。

1924年7月,19岁的高扬芝以优异的成绩从女附中高中毕业,考入男女同校的北京大学理科预科班。当时中学毕业进入大学前普遍实行预科制,中学毕业生一般可通过考试进入预科。

北京大学是中国近代第一所国立综合性大学,孕育了中国最早的现代大学学制,开创了中国大学最早的文科、理科、农科、医科等学科,是近代以来中国高等教育的奠基者。1916年,著名教育家蔡元培先生出任北京大学的校长,"循思想自由原则、取兼容并包之义",形成了北大独特的办学风格。

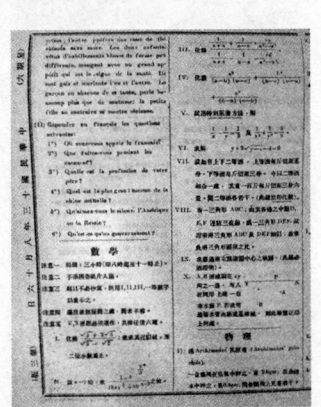

◎ 图3-1 《北大日刊》上的1924年预科数学试题

高扬芝考入的北京大学校址在景山东街的马神庙的公主府,1920年后这里改称北大第二院(理学院)。王府大门上署有

"国立北京大学"巨匾,左侧是"北京大学第二院"的院牌。前院的校舍建筑主要为化学系的教室和实验室,穿过前院进入庭院的中心,院中有一小荷花池,北面是二院著名的大讲堂,它原是公主府的正殿。大讲堂也是二院中最大的教室,一些知名教授常在这里发表演讲。二院西半部分校舍从南向北有宴会厅、校长办公室,蔡元培、蒋梦麟校长曾在这里办公。

◎ 图3-2 北京大学校门(景山东街)

当同学们得知数学系有一个漂亮女生高扬芝时,都很好奇。刚入学时的高扬芝梳着一条又黑又亮的大辫子,白皙的面庞上一对明亮的眼睛闪着求知的光彩,得体的中式服装,衬托出她文静大方的个性,秀外慧中的高扬芝在女生少之又少的理学院很出名。

新的环境、新的老师、新的同学,一切事物都是新的,这让高扬芝倍感振奋,也让她感到十分新奇和激动。学习用功的她，每天早上从家里赶到学校上课，在学校吃完午饭后，下午就在学校自习或是参加一些学校活动。如有空闲，她就到学校的图书馆里看喜欢的书，晚上回到家中吃过晚饭，就去做家教。一天到晚地奔波，高扬芝并不觉得累，反而乐在其中。当时预科学费为 12 元，宿费 12 元，电灯费 2 元，这对于她来说是个不小的数目。高扬芝没有住校①，为了解决自己的学费和生活支出，她每天晚上都去做家教。因此，这一时期她与同学们并没有太多的交集。

两年预科学习时光匆匆而过，1926 年 9 月，22 岁的高扬芝升入理学院数学系一年级，本届数学系同学还有：崔铭琪、谢大祺、刘韶华、王秉和、钟正、彭树群、梅祖荫、石法仁、马立功、李叔熙、周钜鄂。时年 23 岁的直隶河间人石法仁（字厚斋）也由北京大学预科班升入数学系。

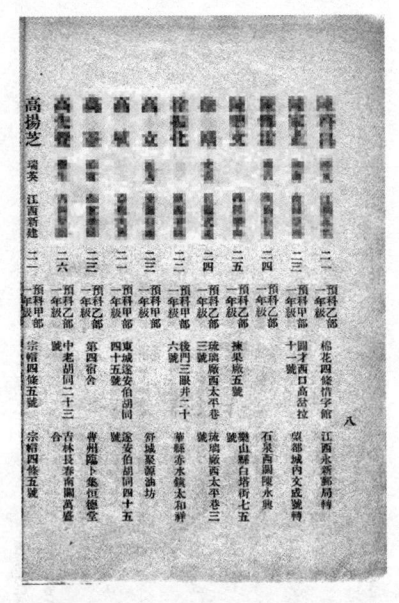

◎ 图 3-3　高扬芝北京大学入学后登记表

---

① 据《1924 年国立北京大学学生一览》记载，高扬芝从 1924 年入北大预科到 1928 年填写的"在平通讯处""宗帽胡同四条五号"。

二、师从名流

高扬芝能上北京大学数学系,是近代高等教育发展和女子教育受重视的结果。

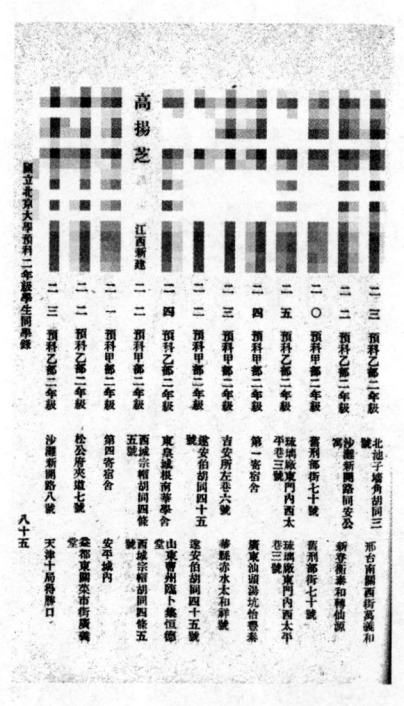

◎ 图3-4 高扬芝北大二年级登记

早在 1913 年,北京大学数学门招收新生,标志着我国现代第一个公立大学数学系正式开始教学活动。蔡元培先生 1919 年在北京大学废除科,改科为系,并将数学系列为第一组第一位。蔡元培说:"大学宗旨,凡治哲学、文学及应用科学者,都要从纯粹科学入手;治纯粹科学者,都要从数学入手,所以各系次序,列数学为第一系。"

进入北京大学数学系本科的第一年,高扬芝开始学习国文、英文、中国近百年史、西洋文化史、物理、生物、初等数学分析、三民主义、南洋概况、军事教育等课程。

1927年,高扬芝在北京大学数学系学习到第二个年头。她得到了当时国内一流的数学前辈的教导和栽培,与数学系的名师们熟悉起来了。

数学系主任冯祖荀先生①是一位极富文采的旧式文人,闲时常有雅兴吟诗绘画。他淡泊名利,凡事散淡自在,洒脱飘然,像个神仙。但更重要的是他擅长分析数学,同时在数学教育上有十分精深的造诣。数学课上,他说话总是清晰和缓,常常妙语惊人,古文、诗词,信手拈来,用自己的语言诠释数学的美。他选用较深奥的教材,讲课逻辑严谨,分析周密,深入浅出,引人入胜。没有冯先生就没有北大数学系,这是当时人们的共识。

◎ 图3-5　冯祖荀

冯祖荀先生教过高扬芝数学分析、微积分等很多课程,当冯先生得知她曾是程老师的学生,在中学就确立了学习数学的志向时,对她就更为器重了。高扬芝读了冯先生介绍的许多有关

---

① 冯祖荀(1880—1940),数学教育家。中国现代数学教育的早期代表人物之一。1902年考入京师大学堂师范馆。后出洋留学。1911年后数度任北京大学数学系主任,对在中国传播现代数学知识有重要贡献。抗战中,他为保护北京大学的档案资料转移后方做出了重要贡献。抗战后归葬北京大学校园。

◎ 图3-6 顾澄

数学分析学方面的书,所以她的数学分析这门课学得非常好。冯祖荀先生对学生的学术活动一直给予积极支持。他还多次作通俗的学术报告,以激发学生的求知欲。冯祖荀先生有时在讲课后会说,关于数学分析上不懂的问题,你们可以去请教我的女学生高扬芝。冯先生对高扬芝的影响最为深远。

顾澄先生[①]是中国数学界的早期代表人物之一,但是他常常游走于政界和学界之间。他对颇有数学天赋的女学生高扬芝很是关注和提携。

奉系军阀控制了北京后,宣布取消北大,与其他八所国立大学合并为京师大学校。九校归并一事,遭到各校师生强烈反对。北大在办学中不可避免地受到了一些影响,教学荒疏,学生们失去了往日的生气,校园里死气沉沉。好在高扬芝的自学能力较强,平时也总在学校图书馆中看书学习,学业上并没有受到什么大的影响。

1927年9月开学后,高扬芝到数学系报到。她来到冯祖荀主任的办公室,想就自己在家预习数学分析时遇到的问题向冯先生请教。冯先生请满头汗水的高扬芝坐下,与她交谈起来。

---

① 顾澄(1882—约1947),字养吾,江苏无锡人,毕业于清末格致书院数学科。曾任北大、清华教授,北平大学女子文理学院院长,东北大学数学系主任。

冯先生说:"现在国内局势不稳定,交通受到了阻碍,学生按时报到的人数不多,安排学校开学的事情都成了问题。"高扬芝说:"来的路上很乱,街上尽是当兵的,冯先生您回家时得当心。"冯先生向她点了点头。高扬芝告诉冯老师自己在假期读的一些书目,然后说正在预习下学期的数学分析,还看了一些科学家的传记。冯老师听了高兴地点点头,说学校图书馆里购进的一批新书可去借阅。高扬芝问了有关数学分析的几个问题后,高兴地与冯老师作别。

校外兵荒马乱,校内却井然有序。高扬芝除了上课,余下的时间都在图书馆里看书。她曾在自传中描述过在北大的学习经历:在北京大学读书时,仅希望学好学校所开的课程,上完课就去学校的图书馆做作业或阅读,之后就去做家教,从不过问学业之外的事。1928年,高扬芝在北大本科三年级时,学习了德文、微分方程式、方程式论、行列式论、高等微积分等课程。

当时全国政治中心南移。高扬芝父亲在此次变局中又一次失业,家庭再次陷入窘迫的境地。大学三年级后,高扬芝就经常去私立中学代教数学课程。她往往是上午先在数学系听课,下午再赶到私立的大同、春明和黎明等中学去代课。她在代课中积累了不少教学经验,为后来从事数学教育工作打下了基础。她对学生认真负责,尤其对家境不好的学生关怀有加,千方百计地帮助他们提高成绩。她的家教和代课费不仅支撑了自己的学业,还贴补了一些家用。她常常很晚才回家,睡前还要认真预习第二天的功课。长期看书的高扬芝已戴上了深度近视眼镜,父母亲对此既欣慰又心疼。

三、北大数学会

坐落于马神庙的北大理学院（第二院），自从蔡元培校长1920年增招女生后，这里走出了许多女科学工作者。

教学区西侧的西斋是男生宿舍。走过东边的教学区，再向南一转，就是女生宿舍——五斋。学校对五斋管理非常严格，五斋门口挂有一块"男士免入"的牌子，只有每年的校庆日，女生宿舍才允许男士进去参观。同样男生宿舍也不许女生自由出入，平常男女同学之间也很少交流。

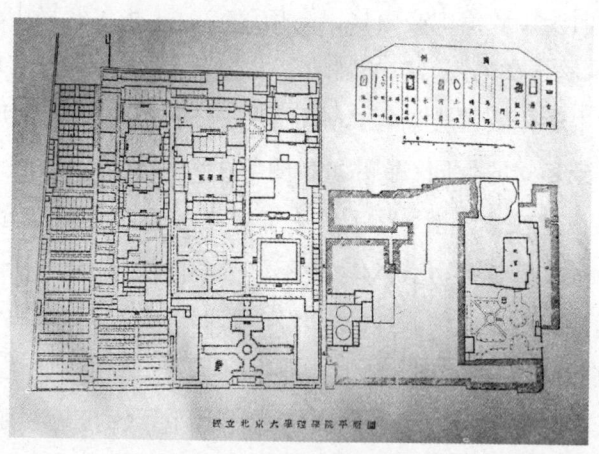

◎ 图3-7 北京大学二院校区地图

1947年《人人周报》第1卷第4期上曾登载《北大的初期女生》一文,从中可以了解到当时北大女学生的生活状况。①

> 北大是开放女禁最早的一个学府。大概在五四运动以后就准许女生旁听。
>
> ……
>
> 当时社交尚未公开,男女同学的来往被认为多所禁忌。五斋(女生宿舍)划成一个与世隔绝的瀛台,而一二三四斋似乎也不成文的规定:不许女生自由出入。

虽然在校园中,男女同学的来往还多有顾忌,但相比社会上一些守旧派对女子一味歧视的情形,北大校园俨然是"世外桃源"了。事实上,男女生同校,能提高女子自信心,使两性交往得以发展,对提升和完善女子人格及创造力有积极的作用。

起先高扬芝一直在家住,与同学交往不多。随着学业的增加,来往

◎ 图3-8 《人人周报》之《北大的初期女生》

---

① 西夷.北大的初期女生[J].人人周报,1947(4).

家、校的路上占用了不少时间。冬天,一下大雪出行就很困难。军阀混战,街上多有混乱,来去路上更不安全。

高扬芝1929年前后就住到了紧靠北大二院的东老胡同3号公寓里。由于这里到北大步行只有几分钟的路程,且价格不贵,吸引了很多学生前来居住。这里还有北大教师的宿舍,沈从文、贺麟等先生都曾在此住过。民国时期,各大学在外面租房的学生甚多。有统计说,1919年后,北京大学学生住校人数不到三分之一,大部分都住在校外。① 自从搬来东老胡同后,高扬芝与同学们交往的机会渐多,建立了纯真的友情。

早在1924年,高扬芝在预科时,同学中只有三四位女生。与她同班还有一位女同学陈圭如,她因酷爱数学从南开大学转来北京大学数学系。她俩时常会并行在校园里,在多是西装革履的理学院,成为一道靓丽的风景线。当时已有北大女生大胆地把头发剪得很短,额前头发丝丝下垂到眉际,开摩登女人风气之先河,社会女性纷纷效仿,领一时之社会风尚。像高扬芝这样戴着一副眼镜,留着齐耳短发,身着短褂长裙,飘然有书卷气的女生,在北大校园时常可以看到。

◎ 图3-9 北京大学时的高扬芝

---

① 李开周. 民国学区房[N]. 中国经营报,2012-12-24(51).

◎ 图3-10　民国时的女大学生

随着社会上对女性的认识进一步改变,女性的就业机会开始增加,自由恋爱和结婚更加普遍,女生们反对家庭或婚姻束缚、争取受教育的斗争经常会得到公众的支持。报纸杂志上,关于新道德的认识也开始转变。①

自从住到了东老胡同后,高扬芝在课程之外也参加了一些校内活动,她与同系的石法仁、缪玉源、王秉和、孙丕显等同学开始有了往来。

1928年,在北大数学系主任冯祖荀先生倡议下,以数学系为主成立了北京大学数学学会,学会以联络感情、砥砺学术为宗旨。高扬芝积极参加了学会的组织工作。

◎ 图3-11　石法仁

---

① 张莉.五四运动中走上街头的女学生[N].中国教育报,2008-05-02(4).

北京大学数学学会是我国最早成立的专业学术团体之一。当年《北大日刊》上曾登有《数学学会简章》，让我们今天得以了解当时的情况。

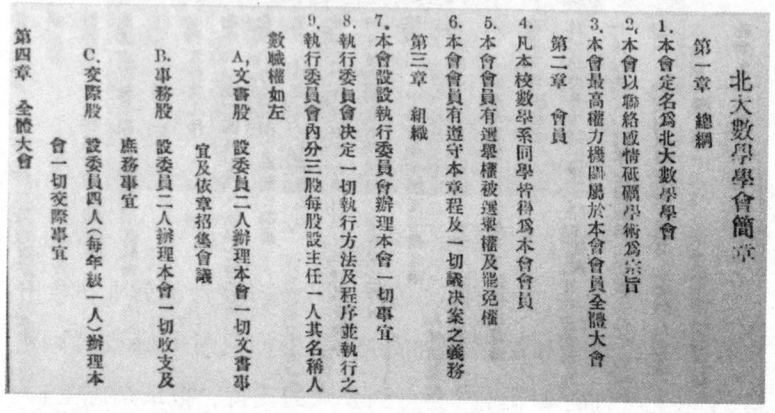

◎ 图3-12 《北大日刊》中的北京大学数学学会简章

◎ 图3-13 孙丕显

1929年春，新学期开学后，北京大学数学学会召开了新的年会，下设文书股、事务股等，高扬芝因为成绩出色、做事认真，被选为事务股干事，二年级的孙丕显因文字功底扎实，热心服务，被选为了文书股委员。同时，学会章程规定每年级推出一位同学组成交际股，以得票最多者为主任。四位同学中，孙丕显得票最多。当时当选的还有石法仁（字厚斋）、缪玉源和赵子建。具体的当选职员如下。文书股：樊怀义、孙丕显；事务股：陈清岂、高扬芝；交际股：孙丕显、石法仁、缪玉源、赵子建①。

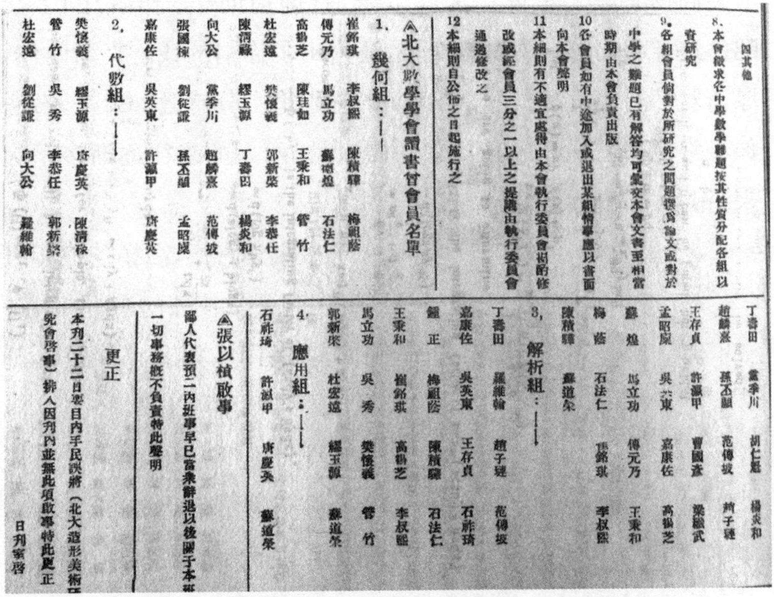
四其他
8. 本會徵求各中學數學難題按其性質分配各組以資研究
9. 各組會員倘對於所研究之問題撰爲論文或對於中學之難題已有解答均可彙交本會文書至相當時期由本會負責出版
10 各會員如有中途加入或退出某組情事應以書面向本會聲明
11 本細則有不適宜處得由本會執行委員會酌的修改或經會員三分之一以上之提議由執行委員會通過修改之
12 本細則自公佈之日起施行之

△北大數學會讀書會會員名單

1. 幾何組：——
崔銘琪 李叔熙 陳積驊 梅祖蔭
傅元乃 馬立功 蘇德煌 石法仁
高揚芝 陳珪如 王秉和 管竹
杜宏遠 樊懷義 郭新槃 李恭任
陳清祿 繆玉源 丁壽田 楊炎和
向大公 黨季川 趙麟熹 范傳坡
張國棟 劉從謙 孫丕顯 孟昭㠫
嘉康佐 吳英東 許灝甲 唐慶英

2. 代數組：——
樊懷義 繆玉源 唐慶英 陳清祿
管竹 吳秀 李恭任 郭新槃
杜宏遠 劉從謙 向大公 羅維翰
丁壽田 黨季川 胡仁魁 楊炎和
趙麟熹 孫丕顯 范傳坡 蔣子璉
王存貞 許灝甲 曹國森 梁纘武
孟昭㠫 吳英東 嘉康佐 高揚芝
蘇煌 馬立功 傅元乃 王秉和
梅蔭 石法仁 崔銘琪 李叔熙
陳積驊 蘇道棨

3. 解析組：——
丁壽田 羅維翰 趙子璉 范傳坡
嘉康佐 吳英東 王存貞 石祚琦
鍾正 梅祖蔭 陳積驊 石法仁
王秉和 崔銘琪 高揚芝 李叔熙
馬立功 吳秀 樊懷義 管竹
郭新槃 杜宏遠 繆玉源 蘇道棨

4. 應用組：——
石祚琦 許灝甲 唐慶英 蘇道棨

△張以楨啟事
鄙人代表預二內班事早已當衆辭退以後關于本班
一切事務概不負責特此聲明

更正
本刊二十二日要目內手民誤將（北大造形美術研究會啟事）排入因刊內並無此項啟事特此更正
日刊審啟

◎ 图 3－14 《北大日刊》“北京大学数学会读书会会员名单”

高扬芝在数学会的工作主要是收取每个同学的会费，每生每年三角钱。一天下课后，高扬芝在班上招呼大家交会费，大家议论纷纷。开始大家都说自己手头紧，宽限些日子再交。这时，石法仁就拿出五块钱交给高扬芝说：“这正好有五元钱，我就先代同学们交了。”在石法仁同学的带头下，大家都不好意思不交，不一会儿，高扬芝就收齐了班上的会费。

事后，高扬芝去找到石法仁，她说：“厚斋同学，谢谢你的帮助！这是你多交的钱，还是还给你。”石法仁说：“我都在同学面

① 北京大学数学会通告[N]. 北大日刊，1929－05－09(1、2).

前交给你了,再要回来,太没面子了。"

高扬芝想了想说:"那就以乐捐(即捐助——作者注)上交吧。这样我们的会费都收全了,还多出了你捐的钱。真谢谢你,厚斋君。"对于石法仁的帮助,高扬芝心里十分感激。后来,石法仁经常代替忙不开的高扬芝去做家教,两人的来往逐渐多了起来,相互之间自然有了好感。

为了上学方便,高扬芝三年级后,就住到了学校外的东老胡同3号公寓。民国初期北京陆续出现公寓,最多时达数百家,在公寓落居的以学生为多。城区学校附近就有众多公寓出租给学生,以北京大学为中心的沙滩一带是最为集中的区域,其中就有著名的东老胡同公寓。

数学会的人员要联系工作,都会到公寓中来找高扬芝。

一天,为了组织冯祖荀的学术讲座,孙丕显拿着写好的"零不可为除数"的海报找高扬芝商量工作。孙丕显生就一个圆娃娃脸,秉性单纯、活泼、开朗,也是冯祖荀系主任的得意门生之一,常常与冯先生一起讨论问题,做些力所能及的事情。

"应该邀请冯先生就数学研究作一个报告,在会上表示一下欢迎之意,你看好不好?"孙丕显热情地说。高扬芝说:"好

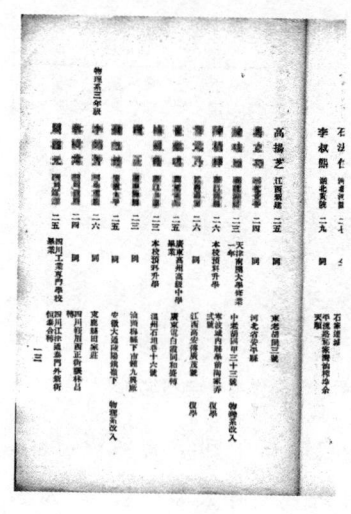

◎ 图3-15 高扬芝北大三年级登记表

啊！我们和学会的同学说一下。"接着他们就报告的时间、地点、内容、费用等问题讨论起来。孙丕显是河南汲县人，1926年—1927年就读北京大学理科预科，1928年—1932年在北京大学理学院数学系读书。[①] 高扬芝与学弟孙丕显在数学会中日益熟悉起来。

当时的北大由于军阀内战，教学不甚景气。冯祖荀先生也由于担任着东北大学的教职常不在北京。1930年1月，冯祖荀先生如期在北大二院大讲堂举行了一次讲演，高扬芝和数学会的同学们组织和参加了这次讲演会，缪玉源、孙丕显两人记录了这次讲演情况。

冯祖荀为了不负学生的盛情，特地赶来学校。只见他身着一件簇新的长袍，彬彬有礼地走上讲台。他在讲到为什么讲这个题目时说：

> 前几天和张少涵先生谈起，初等数学书中，关于零不可为除数的问题，所讲甚略，中小学教员往往不能深切了解，所以兄弟今天选择这一个浅近的问题，加以讨论，也许不无一得。[②]

讲演中，冯祖荀（汉叔）先生从数之来源、自然数之各种运算、有理数的产生、零之定义、零之要性、除法之研究等方面进行了讨论。高扬芝和同学们聆听了冯老师精彩的学术报告，从中

---

① 民国20年国立北京大学毕业生一览[A].北京:北京大学档案馆,MC1930302-2-6(25).

② 缪玉源,孙丕显.零不可为除数[N].北大日刊,1930-01-24(3).

学到了冯老师深入浅出、条理明晰的论述方法。通过这次活动,老师和同学们也加深了情感。

四、数学高才生

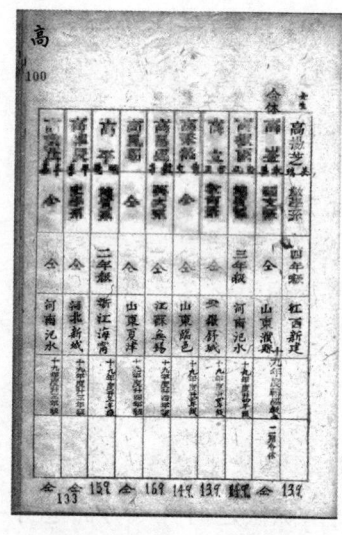

◎ 图3-16 高扬芝北京大学四年级登记表

1929年,高扬芝在北大数学系的学习已进入第四年。这一年,她学习了射影几何学、物理数学、数学史等课程。物理数学是以研究物理问题为目标的数学理论和数学方法的一门课程,对应的数学方法也叫数学物理方法。教她这门课的是冯祖荀先生。高扬芝的成绩在班级中一直是最好的,常常得到冯先生的赞许和鼓励,希望她将来能在数学研究上有所成就。

数学系学生少,除了与别系同学一起上的大课外,专业课只有十多人上。老师上课形式也较为自由,有时就提出一些问题,让同学们回去看书,下次课上再请同学给大家进行讲解。这样客观上要求同学多看书,独立思考,从而培养学生的研究能力。

这一年学校开设了数学史这门课,高扬芝十分喜欢。高扬芝还在课外读了许多科学家的传记。

高扬芝几乎研读过北大图书馆里有关数学史和数学家的所有书。她从中知道了芝诺、柏拉图、欧几里得、阿基米德、高斯、黎曼、欧拉、庞加莱、笛卡儿、费马、牛顿、拉格朗日、傅里叶、泰勒、莱布尼茨等西方数学家的事迹,也了解了祖冲之、杨辉等中国古代数学家。

她印象最为深刻的是西方女数学家希帕蒂娅的故事。希帕蒂娅在10岁的时候就利用相似三角形对应成比例的原理,首创用一根杆子及其在太阳下的影子测量金字塔高度的办法。希帕蒂娅19岁就读完了欧几里得的《几何原本》,但最后被保守的宗教势力残害。希帕蒂娅的故事使高扬芝的内心受到深深地感染和震撼,女数学家研究数学的科学事迹打动了她。

高扬芝还读了一些其他科学家的传记,对波兰女科学家居里夫人的印象尤为深刻。她曾在《自传》中写道:"居里夫人的思想行为是我学习的榜样。"她鼓励自己说:现在多学知识,也像希帕蒂娅一样献身数学,将来做一位尽心尽责的数学老师。

民国时期的北京大学是近代中国大学教育的典范,在中国近代大学教育史上占有最重要的地位。二十世纪二十年代,相对宽松的政治环境和一大批博学多才、热心教育的知名教授为保持学校独立发展提供了条件。蔡元培的"完全人格思想"在"硕学闳才"培养目标下得以体现,北大精神得以发扬。在军阀纷争、政权迭变、教育经费短缺的困境下,学校的发展步履维艰。

1930年7月,高扬芝从北京大学毕业,她是当年数学系毕业生中唯一一名女生,也是成绩最好的毕业生。

《北大日刊》第2585号,中华民国二十年三月十九日(1931年3月19日)第一版曾布告如下:

注册部布告

本校十九年六月各系修业期满学生其成绩业经各系主任审查完竣兹将准予毕业各生分别宣布于左(下)

数学系准予毕业者十一人

高扬芝　石法仁　崔铭琪　王秉和　陈积骅　钟　正
苏德煌　梅祖荫　李叔熙　马立功　傅元乃

（下略）

二十年三月十六日

◎ 图3-17 《北大日刊》之1930年毕业布告

当年毕业的数学系学生有 11 位,其中 8 位是与高扬芝同年入学的同学。高扬芝毕业成绩为 89 分,取得了当年数学系毕业生的第一名。

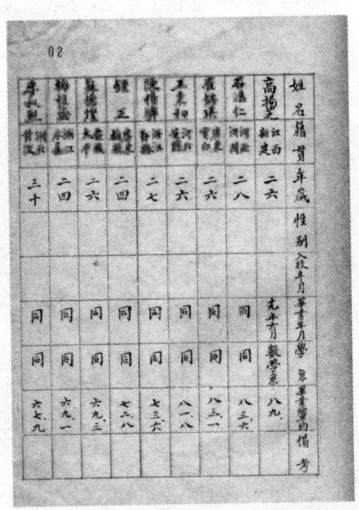

◎ 图 3-18　高扬芝北京大学毕业成绩记载

1930 年 5 月 24 日(星期六)的《北大日刊》上发出消息:

数学学会通告(第 22 号,5 月 22 日)

径启者本会兹定于本月二十六日(即下星期一日)午后四时在本校第二院荷花池畔摄影欢送本期毕业同学。凡我数学系同学届时务希拨冗光临为盼。　　文书股

荷花池是李四光先生 1923 年担任二院院务主任期间,带领学生改造的中心花园,是学生们理想的休憩场所,也是高扬芝和同学们时常走动的地方。高扬芝和同学们与昔日朝夕相伴的荷花池合影留念,惜别之情充满校园。只可惜我们没能找到这张

照片,只待日后再寻找它了。

1930年5月31日(星期一)的《北大日刊》上发出消息:

北大数学学会通告(第23号,5月29日)

本会兹定于六月三日(星期二)下午3时假第二院宴会厅欢送本届毕业同学,略备茶点,务希本系全体同学届时拨冗参加为荷。　　文书股

北大二院的宴会厅在校门的西南面,平时同学们都在此用餐,有时也在此议事。当天,高扬芝和同学们把数学系主任冯祖荀先生和其他老师都请来了。冯先生讲了话,鼓励同学们在数学研究和普及上多做些事情。同学们互留通讯地址相互勉励。高扬芝和毕业同学们都对自己的前途命运感到渺茫。荷花池畔别离时,同窗友情自难忘。

据有关统计,当时登记寻找职业的人员中大学毕业生占比很大,可见找工作之难。1930年7月,国民政府教育部特地草拟8项办法,为大学毕业生寻求出路。时局动荡不定,使大学生谋职更加艰难。

当时社会上女性外出工作渐成风气,到中学做老师更是女生们的首选。高扬芝一直向往当数学教师,在好友何功勤的帮助下,1930年9月,顺利地去京师公立第一中学(今北京市第一中学)当数学老师。在北大读书时,她就长期在中学代课、做家教,对中学数学教学的内容很熟悉,数学课上起来得心应手。她教学认真且耐心,学生们都很喜欢她。管恕就是她当年的学生,他就是在高扬芝的引导下喜欢上数学的。

◎ 图 3-19　重建的北京一中校门

　　高扬芝的这份工作每月薪金有 100 元，除支付家用，还逐渐还清了家里多年的借贷。能在父母身边工作，她很知足。同学石法仁也在北平找了份工作，时常去她家看望她。

　　1931 年 6 月的一天，石法仁来找高扬芝，告诉她老师顾澄想推荐他们去交通大学和暨南大学工作。暨南大学前身是 1906 年清政府创立于南京的暨南学堂。1923 年由于学生人数增多，创建了大学部，学校迁至上海的真如镇。1927 年更名为国立暨南大学，校长郑洪年热衷于华侨教育事业，力主增设文理科各学院，学校影响力大增。1930 年前后，学校进一步扩大招生规模后，师资力量明显不足，急需扩招教师。石法仁还说希望将来能和她一起生活。高扬芝听了以后开始犹豫起来。

　　到大学去教书当然是再好不过了，可要远离北平的父母到上海工作,对于一个没有出过家门的女孩子来说,确实多有不便。高扬芝内心举棋不定,不知所措。

石法仁对自己是有好感的,她当然知道。平时石法仁多方帮助、照顾她,高扬芝有事也常与他相商,但对他的性格并没有深入的了解,石法仁的两个提议高扬芝没有立即给他答复。

南京国民政府建立后,北京教育界就出现了颓势,教师工资时有拖欠。而同时南方的教育则呈现了蓬勃的发展势头,上海的暨南大学、交通大学、大同大学等学校发展很快,急需数学教师。老师顾澄自然想到了高才生高扬芝和石法仁。

此时,哥哥高扬华早已学成并在南京工作,家里只有母亲照料着时有头晕病况的父亲。当扬芝就去上海工作的事情向父亲征求意见时,他是喜忧参半,一方面为女儿能找到更好的工作而高兴,但是又对一个女孩子去陌生城市生活放心不下,更不要说家人不能经常见到女儿了,但他最终还是同意了高扬芝去上海。

当高扬芝对一中的学生们讲自己就要离开北平到上海工作时,同学们都深情依依、难舍难分。虽然高老师只在学校教了一个学期的数学课,但是她备课认真,上课深入浅出、细致明白,大家纷纷请高老师在自己的书本和笔记本上留言签名。

拱门墙,骊歌遽唱,挥不断别离情绪。高扬芝与学生一一惜别,她告别了家人,坐上了南下的火车。

1931年,高扬芝告别了自己北平的家,和石法仁一起来到了上海,开始新的生活。开始了她半个世纪的南方生涯。

实现了自立于社会的高扬芝,怀着在中国普及科学的理想离开家去了南方。

肆 数学会女评议（一九三一—一九四五）

> 1935年,中国数学会成立,高扬芝是数学会的21名评议员之一,她和当时金陵女子大学教务主任陆慎仪是第一、二、三届中国数学会仅有的两位女性。
> ——宋喆《高扬芝——诲人不倦的数学教育家》

一、暨南大学教授

1927年,政治中心南移后,一大批学者云集南方。

1931年1月,高扬芝从北平来到了上海,她在暨南大学理学院数学系任教,不久之后,被聘为讲师。

暨南大学教员中已拥有一大批知名的学者。有担任数理系主任的汤彦颐教授①,还有徐任民、徐伟成、曹一华、严春山、武孟群、雷垣等老师。当时的中国,女教师在大学里已占有了一席之地。在当时的大学中,中国近代的女权运动倡导者呼吁注重坚持男女平等,维护妇女利益。

◎ 图4-1 上海暨南大学工作时的高扬芝先生

高扬芝到南方后面临的诸多问题中,首要的是生活问题。南方与北方自然环境不同,从出生到大学毕业都没离开过北京的她对上海的生活环境很不习惯。北方多以面食为主,饮食偏

---

① 汤彦颐(1901—1980),早年留学美国,1926年在华盛顿大学获数学硕士学位,同年回到上海,应聘到暨南大学任教授,1932年任该校数理系主任,先后兼任大同大学、复旦大学教授。

咸,而南方多以米饭为主食,饮食偏甜,饮食习惯不同还可以应付,但最让她难以适应的是这里的梅雨季节,潮湿的天气常常使她浑身不舒服。

当然,要她能听懂上海话,就更是难上加难了。生活中因语言不通而闹出的"笑话"常让她哭笑不得。好在她的北京话大家都能听得懂,不久也就习惯了。

在初来上海的日子里,虽然要克服各种困难,不过高扬芝还是感到有生以来从未有过的幸福。她和丈夫都在大学教书,丈夫石法仁在交通大学工作,生活是不用愁的,大上海丰富的文化生活也很对他们的胃口。他们有时自己做几个北方菜,有时就到街上的北方餐馆去吃。那段时间是高扬芝在上海工作最幸福的时光。他们结婚后就住在徐家汇的交通大学的宿舍里。高扬芝还在暨大教书时,她的职员表中的通讯地址一栏写着"交通大学石法仁收转"。

◎ 图4-2 暨南大学校门

高扬芝作为新入职的数学教师,在汤彦颐等著名教授的指导下,虚心学习、努力钻研,她的数学教学水平提升很快。高扬芝在暨南大学教过的课程有:立体解析几何、方程式论、不变式论、行列式论和数学史等。

高扬芝在暨南大学理学院工作时,教学上悉心向同事们求教,不断总结教学经验,以适应大学教学的要求,很快得到学生和同事们的认可。教学中,她继承和发扬自己的老师冯祖荀先生循循善诱的教学风格,将其融合于自己的教学实践之中,并加以发展。她注重备课、语言生动、深入浅出、逻辑严谨,以女性特有的细腻严谨,初步形成了自己通俗易懂的教学风格。她以女性特有的认真态度、新颖的教法、流利的语言,获得良好的教学效果,赢得了学生的尊重和爱戴,展现女性教师特有的魅力。由于高扬芝踏实认真,很快就脱颖而出,不久就被聘为了教授。

高扬芝想:只要在大学里自己认真努力,就有机会进一步深造;通过自己的努力开展数学研究,就可以成为在数学领域有建树的专家。高扬芝是一个本分的人,能从中学到大学里当教师,是自己人生的转折,所以她在暨南大学工作十分勤恳,由于路途遥远,交通不便,她常常为了工作而顾不上回上海城里的家。高扬芝是有这个功力的,如果不是一场变故改变了她的人生轨迹,完全可以有更大的成就。

◎ 图4-3 暨南大学校长郑洪年先生

高扬芝在暨南大学任教的前两年,月薪为96元。1933年8

月她被暨南大学聘为教授后,月薪增至 250 元。当年上海各行各业工人月平均工资为男 17.52 元,女 10.56 元,童工 8.16 元,大学教授的收入比普通工人的工资高出很多,她已摆脱了经济上的束缚,经济上实现了独立。此时父亲生病,她常常向北平的家里寄钱。

这一时期,虽然高扬芝与石法仁已经生活在一起了,但是由于高扬芝教务繁忙,回市区徐家汇的家不方便,她经常住在真如的学校宿舍里,有时甚至数星期才趟在市区的家。

当时社会上男权主义的影响还很大,家务被认为是妻子应该做的事情。高扬芝升任了暨南大学教授后,由于工作繁忙,难以顾及家里的事情,这让石法仁很郁闷。想到太太比自己的职称高出一截,石法仁时常会觉得高扬芝看不起他。久而久之,两人不时就会因家庭琐事而产生矛盾和争吵。①

当时,校内对于郑洪年②实施的党化教育十分反感,师生们始终没有完全接受,引发学生风潮。郑洪年只好退出暨南大学。③

暨南大学风潮发生之后,高扬芝有半年多不曾到学校上课,经济上的压力自然不小,此时她就去给大同大学数学系学生上

---

① 高扬芝个人档案[A].南京:江苏省档案馆,3007130016.
② 郑洪年(1876—1958),暨南大学的创始人之一,广东省番禺人,光绪举人。早年受业于康有为门下,后来就读于广雅书院,毕业于两江法政学校。曾追随孙中山参加国民革命。郑洪年任校长达 7 年之久,是暨南大学的鼎盛时期。1952 年回到上海定居。1956 年 8 月被任命为上海市人民政府参事室参事。
③ 薛光前.一九三三年之上海教育[M].上海:上海新闻社,1934.

些课。大同大学校长胡敦复先生对她的教学效果十分满意,曾多次想聘请她到大同教书。她只推说自己才来上海立足不稳,还是不动为好。后来,在部分同事辞职另谋他路的情况下,高扬芝不得不考虑自己的去留。她意识到自己在上海没有过硬的社会关系,不是留学生,仅是一个国内大学毕业生,没有资格长期在国立大学任教授。而大同是私立大学,

◎ 图4-4 胡敦复先生

教学水平由学生测评,不用凭关系靠背景,人际关系较为单一,虽然薪水较低,但工作还是比较稳定的。暨南大学数学系主任汤彦颐教授同情高扬芝的处境,也支持她到大同大学去。在汤主任的积极推荐下,她下定了去大同大学教书的决心。

1934年,高扬芝转入了私立大同大学工作。

二、到大同大学工作

1934年9月,高扬芝正式来到私立大同大学工作。

私立大同大学是旧中国知识分子执着追求教育救国、科学救国道路的产物之一。"大同"取义于《礼记·礼运》中"大道将

行,天下为公"。天下为公,是为大同。大同大学以"在明明德,在新民,在止于至善"为校训,"研究学术,明体达用"为宗旨。1935年,《三十年上海教育》评述道:"该校办理,处处经济,绝不浪费。教员刻苦耐劳,全神贯注,学生朴素好学,教师辅导学生自动研究,尤为可贵。"

◎ 图4-5 大同大学校门

到大同大学工作后,高扬芝就在系主任吴在渊先生领导下工作。早在北大时她就读过吴在渊先生的书,知道他是一位自学成才的数学家,有着丰富的教学经验。在吴在渊先生的影响和指导下,高扬芝的教学工作有了更快的进步。

吴在渊先生在大同大学的建立和发展中起了重要作用,在数学教学方法上下足了功夫,形成了自己的教学风格。他认为培养学生必"先从观察、实量、作图入手,逐渐培养学生研究量之兴趣。使学生对于几何之概念,如深霄观火,表里洞彻。对几何之图形,如宜僚弄丸,高下咸宜。于是引入理论,自有水到渠成之乐"。在教学语言上,他能将科学性和趣味性相统一,用精彩生动、诙谐有趣的教学语言,把抽象枯燥的数学课程讲得有声有色。数学引入中国教育体系之初,教学大多采用注入式,其弊端尚不为人所重视。吴在渊是最早反对注入式教学,提倡数学启发式教学的。在教学实践中注重引导和系统讲授,讲清来龙去脉,提纲挈领,突出重点,启迪学生思维,发挥学生的主动性。他常说:"我的成绩不算什么。我希望后来者居上,一代胜如一代,社会才有进步。我现在不过是地下的基石,泥土中的种子,我希望将来有摩云的高屋造起来,参天的大树长起来。"

高扬芝经常去听吴在渊先生的课,也读遍了他的著述,如《整数论》《微积分学纲要》《微积分应用问题》《高等代数学》《几何学讲义》《平面立体几何学》《微分几何学初步》等,这些书中的教学方法对她数学教学水平的提升起到了醍醐灌顶的作用。高扬芝就曾听吴在渊说:"授课者但宜引学者入能乐之途,而不宜导学者至避难之境。一有避难之心,则教者学者将日务相遁之法,渐进,则甚易者亦将视为至难,而学问二字不能言矣。"这些话高扬芝认为是让她受益终身的信条。

◎ 图 4-6 吴在渊先生

1935 年 4 月,高扬芝已在大同大学教书近一年了,和数学系同事的关系越来越融洽。但就在这时,由于工作过度劳累,吴在渊先生病了。高扬芝与范会国等同事去圣心医院看望了吴在渊先生,回来的路上大家心情都很沉重。

几天来,大家在办公室里常常讲起吴在渊先生。讲他立志自强、自学成材的恒心和锲而不舍的毅力;讲他1911年与胡敦复等人兴办立达学社,创办上海大同学院,进而创办数学系的经历;讲他如何通过辛勤的耕耘,培养出不少数学人才。吴在渊先生的经历深深地打动着高扬芝的心灵。

1935年7月22日《申报》刊登出了题为"大数学家吴在渊逝世"的新闻。噩耗传来,大同大学特别是数学系的师生,无不悲痛万分,纷纷前去上海小西门安澜路瑞庆里吴家吊唁。大同大学校长曹梁厦①来了,数学系的教授几乎全都来了,有范会国、武崇林②、何鲁③、张镇谦等。理学院的顾翼东、顾静徽等人也来了,他们向吴在渊先生的遗像鞠躬,向其家属表示慰问。吴在渊先生去世后,高扬芝悲痛之余,更加发奋将全部身心投入数学教学中去。

---

① 曹梁厦(1886—1957),又名曹惠群,江苏宜兴人,著名学者、教育家、化学家,曾任上海大同大学校长,中国科学社上海社友会理事长,中华化学工业会会长,发起创刊《化学世界》并任主编,《科学画报》常务编辑。

② 武崇林(1900—1953),字孟群。自幼聪慧,勤奋好学,1924年以优异成绩在国立北京大学数学系毕业,被授予理学士学位。大学毕业后即被留在北大任助教、讲师。1928年1月被破格推荐到沈阳东北大学数学系任教授职。1933年1月崇林先生应聘南下,到交通大学数学系任教授。崇林先生因子女众多,家累较重,不能随校内迁,留在上海,执教于私立大同大学。

③ 何鲁(1894—1973),大同大学、中央大学、安徽大学、重庆大学、北京师范大学教授。1904年,何鲁以第一名的优异成绩考上了成都机器学堂,毕业后因品学兼优被保送入南洋公学(上海交通大学前身)。后又转入清华学堂(清华大学前身)就读,后成为我国第一批赴法勤工俭学的留学生。曾在大同大学任教。

◎ 图4-7 《申报》之吴在渊去世消息

我国现代课程教学起步较晚,初期效仿欧美日本,没有形成完整的教学体系,教学方法的研究就更少了。在大同大学期间,高扬芝通过研究吴在渊的教学方法,总结自己的教学经验,形成了自己"讲史入手,举例生动,由表及里,认证明白,由浅入深,启发研究"的数学教学方法。在高扬芝的教学风格中我们能看到吴在渊对她的影响。

其时,大同大学为了自身的发展,在上海南站附近110多亩地上建了校园,17幢校舍已渐成规模。1937年7月,由于社会需求骤增,大同大学增设了工学院,先后办起了电机系、化工系,高扬芝和同事们要上的数学课越来越多。同时,学校也办出了特色。民国时期,大同大学是与天津南开大学齐名的私立大学,当时就有了"南大同、北南开"的社会声誉。①

---

① 盛雅萍,马学强.沪上名校——百年大同研究(1912—2012)[M].上海:上海辞书出版社,2012.

虽然大同大学待遇比国立大学低,薪金只有国立大学的一半,但高扬芝乐在其中。她在大同大学教过众多课程:近世代数、近世几何、立体解析几何、行列式论、数学史、微积分方程、方程式论、不变式论、高等微积分等,而她上得最多的就是关于微积分的课。

在大同大学,高扬芝的数学课很是出名。高扬芝教授根据私立大学数学教学的实际,在形象通俗和引人入胜方面下足了功夫,初步形成了启发式的数学教学风格,深受学生们的欢迎。直到20世纪90年代,高扬芝教过的学生还深深地怀念着她,学生朱子藩回忆说:"数学是一门枯燥乏味的课程,高老师知道学生心理,故多做实例,堂上没有喧哗声,尤其是勤改作业,何者正确、何者错误,都改得一清二楚,令同学口服心服,考试不出冷题刁难,这也可以看出一位教师的高尚品德。时间过了半个世纪,高先生之音容笑貌仍记忆犹新,其高风亮节,当永志不忘。"①

周毓麟院士②也曾在回忆文章中写到高扬芝老师:

> 上海大同大学数学系与物理系的学生很少,与我同年进数学系的还有郑振华,物理系只有徐亦庄。我们三人同进同出,别人称我们是刘关张。因为学生少,物理系、数学

---

① 朱子藩.缅怀高扬芝老师[Z].大同大学校友通讯,1993(29).

② 周毓麟,1923年2月12日出生于上海,数学家、应用数学家,中国科学院院士。1945年毕业于大同大学数学系。早年从事拓扑学研究,1954年赴莫斯科大学留学。1960年参加我国的核武器理论研究。1991年当选为中国科学院院士。他是我国核武器设计中数学研究工作早期的主要组织者和开拓者之一,为我国核武器事业的发展作出了突出贡献。

系的三、四年级在一起上课,我把物理系的课程与实验课程也都修读了。有很多好老师,如范会国、武崇林、汤彦颐、雷垣、高扬芝等先生。抗战时期,上海时局很乱,学校搬迁租界,条件极差。我们与老师除上课外,很少接触。尽管如此,这些老师的身影也是终生难忘的。①

这是对高扬芝和她的同仁们为培养数学人才所做贡献的充分肯定。

在大同大学期间,高扬芝在教学过程中注意发现问题,进行数学研究,先后有《Clebsch②氏级数之改正之一》《Clebsch 氏级数之改正之二》《Clebsch 氏级数之改正之三》《旋转面及旋转体求积公式之推广》等一系列学术论文在《科学通讯》等刊物上发表。1936年,高扬芝在教学过程中编写了《行列式论》,但是目前并没有此书的踪迹。受当时大同大学的办学条件所限,很多自编的教材未能出版,高扬芝的这本书可能也是这样。但从《沪上名校—百年大同研究(1912—2012)》一书中找到了一帧当年大同大学未署名的《行列式及方

◎ 图 4-8 《行列式与方程式论》讲义书影

---

① 中国科学院院士工作局编.科学的道路:上卷[M].上海:上海教育出版社,2005.
② Clebsch,克莱布什,德国数学家,开创代数几何学。

程式论》课本书影,封面上没有署名,是否是高扬芝所著,有待进一步考证。高扬芝在数学教育界的知名度不断提升,已经成为大同大学数学系有名的教授。

正值大同大学办学规模逐渐发展壮大之际,1937年7月7日,北平郊外卢沟桥,爆发了震惊中外的"七七事变",从此阻断了高扬芝与家人的联系,也打破了大同大学的发展梦想。

8月13日,日军大规模进攻上海,"淞沪会战"(又称"八一三"战役)打响。10月,华界沦陷,大同被迫从南市迁至租界,借中国无线电工程学校及位育小学继续上课。大同没有经济实力转移到后方,部分师生只好留守孤岛上海,再次依靠立达学社,社友团结广大师生员工,开始了第二次艰苦的创业历程,大同大学才得以延续。1938年9月,大同大学租用辣斐德路(今复兴中路)律师公会大厦为临时校舍,中学部979人,大学部850人。后来大学部改借公共租界光夏中学校舍,1939年9月,才搬到新闸路校舍。

◎ 图4-9　大同大学原校舍

抗战期间,高扬芝一直在上海大同大学,与学校结下了生死与共的患难情结。战火连天,人各一方,她身处上海孤岛中,心中挂念远在北平的不得音信的老母亲和家人,不知何日才能相见。

对于这个时期的高扬芝来说,不仅有亡国之痛,还有家庭的悲剧。此时丈夫石法仁不顾她的反对,出任了上海教育局的视察官。① 这让高扬芝极为失望。日本人来了,高扬芝和同胞已沦为了二等公民,到学校上课时,每次都要受到日本人的盘查,饱受屈辱;而在同胞面前,特别是面对同事,由于自己丈夫的事情,她更是觉得抬不起头来。国仇家恨,她只有将自己的全部精力投入学术研究和教学之中。

三、数学会评议员

在上海暨南大学工作后,高扬芝的学术研究和教学水平有了很大的提升,并为数学学科在中国的普及和传播上做出了贡献,已成为有相当知名度的大学数学教授。

1934年开始,胡敦复、熊庆来、苏步青、何鲁、朱公谨、顾澄等

---

① 上海特别市1943年档案[A].上海:上海档案馆,R13-1-138-1.

数学家筹备成立全国性的有关数学的学会,筹备会草案建议定名"中国算学会",学会总部设在上海,并决定借暑假之际召开成立大会。1935年7月25日,中国算学会在交通大学图书馆举行了成立大会,共有33人出席,大会通过了会章,选举了学会领导,还明确了学会的任务:加速数学名词的审定工作;促成数学会的学术刊物《中国数学会学报》出版,并开展中外学术交流。它标志着中国的数学发展到了一个新的时期,影响深远。

◎ 图4-10　上海交通大学原图书馆

1935年7月26日发行的《申报》报道了中国算学会成立的盛况,出席人员如下:

> 出席会员:计到交大胡敦复、顾养吾、袁炳南、裘维裕、陈怀书、石法仁、胡刚复,光华朱公谨,河大马孟强,清华熊迪之,暨南陈荩民、郑健汉,重大何鲁,广西大学张镇谦,大同高杨(扬)芝,浙大陈建功,武大束星北等四十余人。教(育)部代表陈可忠,交大代表黎照寰,中国科学社代表杨孝

述等列席指导。

（注：标点符号系作者添加）

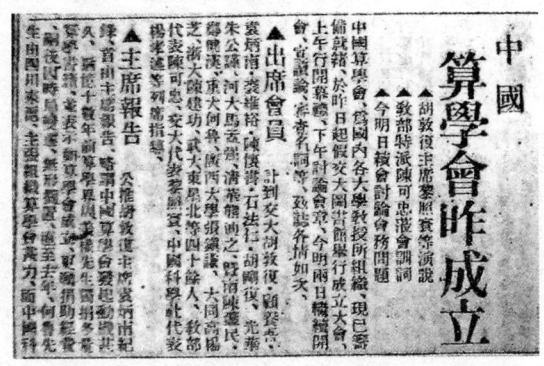

◎ 图4-11 1935年7月26日《申报》中国算学会成立报道

高扬芝在中国数学会（先期称算学会）第一届年会上被推选为21位数学会评议之一，这是对她数学教学和研究工作的肯定，同时被选上评议的女数学家还有陆慎仪，她们是中国数学会评议中仅有的两位女性。① 大会召开后的第二天《申报》对中国算学会成立大会进行了持续报道：

中国算学会成立大会第二日
胡敦复等九人当选董事
决组算学名词审查委员
今日续会宣读会员名单

---

① 任南衡,张友余.中国数学会史料[M].南京:江苏教育出版社,1995.

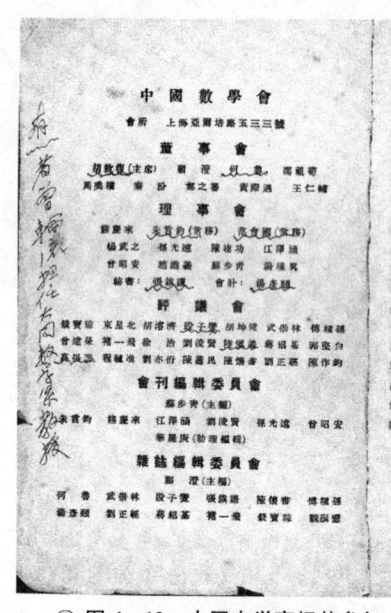

◎ 图4-12 大同大学高扬芝参加中国数学会的记载

中国算学会昨日仍假交大图书馆继续举行会议,到会员四十余人。上午选举职员,中午交大欢宴,下午会务会议。今日续会,上午宣读论文,下午审查算学名词。兹志各情如次。

选举职员:昨日上午十时续会。主席胡敦复,记录袁炳南。首由主席报告后,即开始选举。结果董事九人,胡敦复、顾澄、何鲁、冯叔汉、周美权、秦汾、郑桐孙、黄际遇、王士枢当选。理事十一人,熊迪之、朱公谨、范会国、段子燮、孙光远、陈建功、江泽涵、曾昭安、魏嗣銮、苏步青、何珩璇当选。当场并推定范会国朱公谨为常务,汤彦颐为会计,张镇谦为秘书。

评议二十一人:钱宝琮、束星北、胡沅东、汤璪真、胡坤升、武崇林、傅种孙、曾远荣、褚一飞、徐任民、刘俊贤、陆慎仪、蒋绍基、郭坚白、高扬芝、郑尧拌、单粹民、陈荩民、陈怀书、刘正经、陈作钧当选。

(注:标点符号系作者添加)

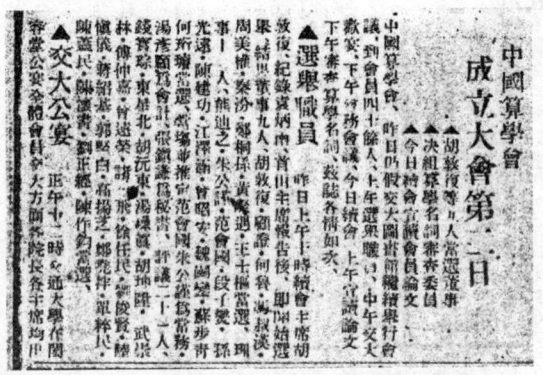

◎ 图 4-13　1935 年 7 月 27 日《申报》中国算学会第二日续会报道

数学会的第一届评议员均是当时的数学界的精英。可见当时高扬芝在数学界已被认可。

《申报》在对会议第三天的报道中就已使用"中国算学会改为数学会　成立大会昨天闭幕"的标题，报道如下。

中国算学会改为数学会　成立大会昨日闭幕

审查数学名词决组专会

中国算学会成立大会昨为第三日。上午在交大读论文，下午在中国科学社会所召开全体董、理事、评议会议。通过算学会改为数学会。晚上海会员公宴，大会即告闭幕。上海社记者兹各情如次。

宣读论文：

昨日上午十时在交大图书馆宣读论文，计：① 钱宝琮之汪莱的方程式论研究；② 陈建功之函数之富尼系数；③ 范会国之几例外函数之几个特别性质；④ 华罗庚之华林问题

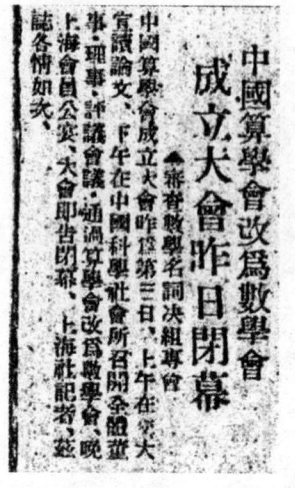

◎ 图4-14 1935年7月28日《申报》报道"中国数学会"闭幕消息

之研究等数篇,均有特殊之实值。至十二时半始宣读完毕。

聊席会议:

下午在中国科学学会会所举行董事、理事、评议会议,主席胡敦复。对算学会名称之问题讨论甚久,结果决改为数学会。同时教部提交审查之算学名词。已推定陈建功、胡敦复、顾澄、朱公谨、何鲁等十五人组织审查委员会从详审查。晚间由上海委员公宴,大会至此即告闭幕。

(注:标点符号系作者添加)

"数学"一词在中国推广,有一个较长的过程。从19世纪起,西方的一些数学内容,包括算术、代数、三角、几何、微积分、概率论等相继传入我国。原有的"算术"一词,无法作为数学的统称。

早在1913年秋,北京大学就招收了数学门新生,中国现代第一个大学数学学科正式开始了教学活动。之后国内"算学""数学"两词并用。1935年最早见诸中国报端的上海的《申报》上关于中国数学会成立的报道中就是如此。当时成立报道还是"中国算学会",到闭幕大会时已改称为"中国数学会"。当时社会上的人们对"数学"这一新词的出现还不甚注意,但"数学"一词的界定对于中国的数学界及今天人们生活的影响却是十分深远的。

高扬芝是"数学"一词在中国推广、发展的亲历者和参与者。尽管"数学"一词到了1936年才在学界有了较一致的认同,但是从1935年在《申报》出现起就已走进了中国大众的生活。近代中国留学生曾将西方一大批科学术语引入中国。由于译者不同,数学名词不规范、不统一,同行之间交流也很困难。例如常用的概念"function"一词今天我们都知道是"函数",可是在早期就有"函子"、"功能数"、"作用子"等五花八门的翻译。术语或名词上的混乱,影响学术交流和普及,阻碍数学学科的发展。经过多年的工作,中国数学会终于确定了基本常用的数学术语的译名。在之后的几年中,全国统一了大约七千多个数学名词的翻译和界定。作为中国数学会中的评议,高扬芝参与了众多数学学术名词的界定工作,为数学事业在中国的普及推广做出了贡献。高扬芝的名字逐渐为数学界所熟知,成为早期的女数学教育家。

20世纪30年代,国内已有20余所大学先后设立了数学系,正是高校科学教育体系的发展、大学与专门研究机构的广泛建立,才使从事数学研究与教育的专业人员不断增加,成为中国科学队伍的一个重要分支,职业数学科学家也已出现。

周武主编的《上海学(第一辑)》中张剑的《学术与工商的聚合与疏离——中国数学会在上海》中有对中国数学会评议会成员的分析:"有4位没有留学经历,3位毕业于北大数学系,另一位毕业于南洋大学电机科。说明北大数学系在当时中国数学界的重要地位,特别是作为一位女性评议员,高扬芝1930年24岁才从北大毕业,中国数学会成立时已是大同大学数学系主任。"[1]

---

[1] 张剑.学术与工商的聚合与疏离——中国数学会在上海[M]//周武.上海学:第一辑.上海:上海人民出版社,2015.

1936年8月17—21日,中国数学会第二次年会和中国科学社、物理学会、化学会、动物学会、植物学会、地理学会等七个学术团体年会在北平联合举行。由中国数学会主办的《中国数学会学报》及《数学杂志》也先后创刊。1936年7月,高扬芝为参加这次大会,从上海回到北平,并连任了数学会评议。时隔多年,她又一次回到北平家里,还看望了在北京师范大学数学系工作的程廷熙老师和师母吴仪敬女士,后于9月开学前回到了上海。

◎ 图4-15 留存下来的上海淮海坊部分住房

在家里,她见到了年迈的母亲,但父亲却在一年前病逝了,母亲与嫂子及侄子同住一起。家人团聚,高扬芝百感交集。哥哥高扬华已在班禅驻南京的办事处工作,没有回来。高扬芝用3 000元钱购置了北平大佛寺西大街68号的一个四合院(14间房),房屋出租后能贴补母亲的家用。大佛寺西大街是当时环境较好的居住区。高扬芝购置的这个四合院让母亲十分满意。

1937年7月7日,原定在杭州举行的第三次年会由于抗战未能举行。中国数学会总会决定于1940年8、9月间,在重庆、昆明、成都、遵义、城固、嘉定(即四川乐山)、上海七处分别举行年会。上海会议于9月1日在明复图书馆美权算学图书室举行,到会会员有周美权、胡敦复等20余人。评议员的名单中列有高扬芝的名字。

中国数学会的成立为数学在中国的发展普及起了积极的推动作用。这与包括高扬芝在内的早期数学家的努力是密不可分的。

伍

时代变迁（一九四五—一九五二）

> 1951年8月15日至20日,中国数学会第一次全国代表大会在北京大学召开,高扬芝作为上海分会的唯一一位女代表出席了大会。
>
> ——宋喆《高扬芝——诲人不倦的数学教育家》

一、大同数学系主任

1945年9月,抗日战争胜利,全国人民欢欣鼓舞。能够再见到家人的高扬芝喜出望外,但是由于工作不得脱身,她只能向母亲寄些钱去。

战争结束,人民都希望和平,希望国家强大。抗战期间,高扬芝坚持专心教学,教学经验日臻成熟,学生们对她教授的微积分课程十分喜欢。她想安安静静地教书,为国家培养出一些数学人才;生活上,她也想丈夫能回心转意过好自己的生活。

◎ 图5-1 大同大学时期的高扬芝

可此时,人们对石法仁的看法越来越坏。当时社会上就有呼声要求惩处投靠日寇的教员。当时的报道称石法仁被交通大学解聘后去了徐汇中学任教。在家里,关系十分紧张,本来对丈夫和家庭还抱幻想的高扬芝已对家庭失去了信心。高扬芝除了教学之外,将大量时间用来读书,空余时就和常来她家的上海音乐学院的卫仲乐[1]学习二胡。

◎ 图 5-2 音乐家卫仲乐先生

卫仲乐的夫人是高扬芝的学生,常有来往。当高扬芝说自己喜爱二胡时,卫老师很乐意教她。[2] 一年后,她已能拉几个简单的曲子,平时高扬芝喜欢拉刘天华的《病中吟》,用以消弭心中的不快,暂时忘却烦恼。

1945年,全国人民反内战、要和平的呼声日益高涨。可是,国民党政府当局不顾人民的和平意愿挑起内战,而在所谓的国大代表选举中,政客们"兴高采烈"地参加竞选,高扬芝对此十分反感,甚至放弃参加投票。早年民主理念和自身的正义感使她对政客们的诡计产生厌恶。

1947年6月间,大同大学参加"反饥饿、反内战、反迫害"运动的学生日益增多,课堂上时常有学生缺课。学校里要求每节课要点名上报,高扬芝发现这些学生都是平时学习比较认真的好学生,出于对这些学生的爱护,高扬芝总会想尽办法暗中帮助他们免除学校的追查。

1946年6月20日,大同大学暨附中召开学生代表大会,成

---

[1] 卫仲乐(1908—1997),杰出的民族乐器演奏家、教育家。1941年,先后被聘为上海英国民主电台和苏联呼声电台的广播演奏员。曾在上海美术专科学校和沪江大学等学校任教。1955年,任上海音乐学院教授及民乐系主任。1962年起任中国音乐家协会上海分会副主席。

[2] 高扬芝个人档案[A].南京:江苏省档案馆,3007130016.

立"大同反内战委员会",决定即日起停课七天,延期举行考试,进行反内战、争和平的宣传。① 高扬芝看到自己教过的优秀学生也参加运动,由此,她不由得对校方和政府迫害进步学生的做法越来越不信任起来。之后,高扬芝也加入到同情和支持学生的行列,因此赢得了学生们的爱戴。

一天,高扬芝正在上课,又一名学生被校方传唤。该学生知道自己情况不妙,在从讲台边走过时,将一个纸包暗中塞给了高扬芝老师。高扬芝知道是一包标语,她小心翼翼地将它收好,随后交给了进步的同学。

1947年6月,当高扬芝教授从学生那里得知入狱和受伤的大同大学学生需要帮助时,善良、富有正义感的她毅然捐出1万元慰问金。(见《上海大同大学学生运动史料集》)地下斗争组织认为高扬芝等三位教授有进步倾向,是可争取的对象,为取得她们的支持,曾派进步学生到高扬芝家去看望她,争取她在内的三位教授的支持。

◎ 图5-3 大同大学学生在校园集合

---

① 王仁中.爱国办学的范例——立达学社与大同大学、大同附中一院史料实录[M].上海:上海古籍出版社,2002.

（见《上海大同大学学生运动史料集》）

进步学生在校内开展政治活动，大同大学校方认为这违背校规，极力制止学生开展政治活动，后来竟然开除进步学生。高扬芝对校方开除学生的做法十分反感，当她得知学校又要开除一批学生时，就去找校长陈情。由此看出，植根于高扬芝心中的"五四"科学民主思想，使她对当局产生了不满，内心的民主、正义思想促使她很自然地支持进步学生。

1949年5月27日，上海宣告解放，私立大同大学很快复课，并出版校级刊物《新大同》，大同大学获得了新生，高扬芝对新生的政权由衷地拥护。

新中国成立后，中国人民政治协商会议第一届全体会议通过了《中国人民政治协商会议共同纲领》，把"文化教育政策"明确表述为"中华人民共和国的文化教育为新民主主义的，即民族的、科学的、大众的文化教育"。而"有计划有步骤地改革旧的教育制度、教育内容和教学法"成为改造高校的政策和方向。教会大学和私立大学面临着改造。

起先，政府对于私立高校因人力、物力限制，一时还无力接收，采取了互不干涉的处理方式。后来又提出维持原状和逐步改造的新民主主义教育政策，通令上海市各私立大学等单位须造具教职员工名册、学级、学生数、财产、经济收支情况等各项清册及原立案文件，报政府备案，私立大同大学得以保留下来。高扬芝在此期间与一些教授在态度上是中立的。

私立大同大学一直实行在校长之上设立校董会的制度，教师多是留学欧美的，教学内容和教育方法采用通才教育模式，这些都在改造之列。核心就是改造学校领导机构,关键一步就是成立校务委员会(简称校委会)。成立校务委员会,意在不更换校长的前提下,组织一个代表学校各方利益的最高决策机构,争取在校政上的领导权。

关于校委会的性质,校长胡刚复①认为只能是一个"最高审议机构",而学生会认为应为"本校最高决策、监督与推动的机构"。最终高教处召开私立大专院校校长会议,裁定校委会为"决策机构"。至此,大同大学的领导机构由新的校务委员会取代。

◎ 图5-4 校长胡刚复

围绕校委会组成人员的问题,校长与以学生会为代表的群众产生了分歧,经过上下几番争论和商讨后,高教处回复:正式批准大同校委会成立,并同意"校长及教务长为当然委员","以校长为主任委员"。所形成的大同校委会组织章程确定:该会"由校长、教务长、教授代表九人、讲师助教代表二人、学生代表二人,共十五人组成","校长为主任委员"。通过一系列工作,新政权开始逐步建立对私立高校的领导体系。校委会的成立,掀开了大同大学新的一页,从此,大同大学旧的权力体系逐渐地淡出历史。

---

① 胡刚复,物理学家,胡敦复之弟。1945年11月,校长胡敦复辞职,校董会推胡刚复为校长。1949年上海解放时延任校长之职。1949年10月,校长胡刚复北上,由平海澜担任代理校长。

◎ 图5-5 大同大学校长平海澜先生

1949年9月,学校开学之际,校委会的工作也开始步入正轨。校长胡刚复留函校董会:拟短期赴北平观光,校长职务将请秘书长平海澜先生代行。1950年2月6日,大同校委会召开第二十四次会议,推举大同大学元老之一,有威望,行事温和,颇得好评的平海澜先生为正式校长。11日,私立大同大学举行全体教职员工及学生代表大会,平海澜被选为新校长。

与此同时,各院院长及各系系主任大多更换。高扬芝教授由于教学水平高,拥护政府,办事公正,被选为了数学系主任,[1]她的政治思想情况为"中间",群众的关系较好。[2]

高扬芝代表大同大学参加了高教暑期学习班和由中央教育部所召集的全国理工学院微积分教学研究会,她的新思想觉悟和业务水平大大提高,在数学系主任岗位上务实工作,为新生的大同大学做出了积极的贡献。

新中国成立前,大同大学已发展有文学院、理学院、商学院、工学院四个学院,下设文学、哲学教育、史地政治、数学、物理、化学、经济、工商管理、会计、银行、机械工程、电机工程、土木工程、

---

[1] 1950年4月呈报华东教育部[A].上海:上海档案馆,Q241-1-28(64).

[2] 大同大学学习委员会名单及简单情况[A].上海:上海档案馆,A26-2-32(31).

化学工程十四个系。至1948年,大同大学部学生已逾2 700人。新中国成立后,大同大学有四个学院、十四个系和两个专修科。1950年,史地政治系停办,哲学教育系改称教育系。1951年秋,文学院撤销,文学系并入圣约翰大学。但是机电、化工、土木等理工科各系还有近2 000人,有大量毕业生服务于国家建设、科学研究工作,为国家建设做出了贡献。

理學院歷年畢業生人數統計表

畢業年月	總計 小計	總計 男	總計 女	理本科 男	理本科 女	數學系 男	數學系 女	理理系 男	理理系 女	化學系 男	化學系 女
總計	516	343	173	117	16	24	22	51	8	151	127
年 月											
1926 7	4	2	2	2	2						
1927 7	1	1		1							
1928 7	11	11		11							
1929 7	12	12		12							
1930 7	9	7	2	7	2						
1931 7	16	15	1	15	1						
1932 7	18	15	3	15	3						
1933 7	10	8	2	8	2						
1934 7	15	14	1	14	1						
1935 2	4	4		4							
1935 7	32	27	5	27	5						
1936 2	1	1		1							
1936 7	22	18	4			4		8		6	3
1937 7	26	20	6			7		5		8	3
1938 2	3	2	1					3		2	1
1938 7	15	6	9			6	2	3	4	1	
1939 7	14	12	2			1		6	1	7	1
1940 2	1	1									
1940 7	33	21	12			1	2	7		13	10
1941 2	2	1	1							1	1
1941 7	12	8	4			2		3		3	4
1942 2	7	5	2					1		4	2
1942 7	19	10	9			1	3	3	1	5	5
1943 2	2	2						1		1	
1943 7	13	6	7					5		1	7
1944 2	2	1	1								
1944 7	20	7	13					1		6	4
1945 2	7	3	4			3	1	1		3	6
1945 7	21	7	14			1				6	11
1946 2	6	4	2							4	2
1946 7	8	4	4			2				2	2
1947 2	5	4	1			3	1	1			
1947 7	37	19	18			1		2	16	15	
1948 2	8	4	4			1	1	1			
1948 7	23	10	13							9	12
1949 2	10	7	3					5		7	
1949 7	29	21	8			1	2	1		15	7
1950 7	35	22	13					2		8	2
1951 7	34	19	15							15	13

附註:原稱理科,不分系。嗣後改稱理學院,分數學、物理、化學三系。

◎ 图5-6 《大同世界》之理学院数学系培养学生数据

1951年3月,平海澜校长在大同大学四十周年校庆讲话中指出:

> 在国内各大学中,没有一所的创立是像大同大学这样辛苦艰难的……抗日战争中,本校校舍被日寇拆毁、焚毁了

约十分之七八……本校因为经济力量的限制无法迁到后方,只能暂时留在上海,一面吸收同学予以学术上的训练,一面掩护同学渗到后方,参加在当时的租界借用他校校舍上课。迁徙流离,困苦万状……

解放(新中国成立)后本校有着重大的改进:(一)经济公开……(二)管理民主化,不但重要校务都经过校务委员会讨论通过,就是经常每一种校务措施,也都经过各方面民主协商后才做。(三)政治教学、业务教学方面:本校师生员工经过这一年多政治学习,政治思想大大地提高……具体表现在秩序方面,本学期来课堂秩序一般都有长足进步,就是很显著的证明……

本院造就的人才,服务于国家建设部门者为数颇多,尤其是机电、化工、土木各系的校友,在东北各地发生很大的作用。其次,上海各种中学有名的数理教师,很多是本校校友,物理造诣较深的几位校友,则参加了中国科学院的研究工作。其他在工商界,在社会各方面,为人民服务的校友很多。总之,大同这四十年来,替国家造就若干有用的人才,是足以自慰的了。

……

乘此四十周年校庆的机会,我愿以十二万分的诚意,号召全校师生员工,在爱国主义的基础上,大家将爱校的精神提高起来,团结无间,向着办好学校为国家培养建设人才的目标而前进!

平海澜校长的讲话反映出当时大同大学的新气象,鼓舞着全校师生努力学习。高扬芝和同事们一样,决心努力教书育人,竭尽全力投身祖国建设。

为了增加同学们对新社会的认识,大同大学陆续开设了社会发展史、新民主主义论、政治经济学等政治课程,介绍以阶级斗争、阶级分析为主要内容的新意识形态,提高学生的思想认识。此外,学校还开展了每月一次的政治必修课程——政治讲座,它是一门结合时事动态而开的政治课,主要目的在于宣讲新政权各项政策的正确性与必要性。后来还开了时事政治讲座的校内广播。

高扬芝和大家一起参加了大同大学工会领导的小组学习和全校性的政治讲座,她想要跟上时代,学习新东西,为新社会做更多贡献。

伴随着新政治课在高校的开设,更大规模的课程改革问题也迅速地被提上议事日程,理工科也不例外。理工学生与文科学生相比,客观上是有差别的。理工学生有大量的实验和习题要做,还有很多选修课程,繁重的专业学习势必会影响到政治学习。有些同学抱怨说:"微积分、物理习题都来不及做,没有时间学政治。"这种反映在当时是十分普遍的,就此领导指示:理工学院繁重的业务课可以减少的应该适当地减少,以纠正忽视政治课的偏向。一场以理工学院为主的精简课程运动在学校中开展起来。政治教师告诉同学们:政治对理工科学生的作用可以用一个形象的比喻解释:技术就像一把刀,而这把刀有两种作用,既可以用来为人民服务,又可用来屠杀人民,关键就要看这位持刀人政治思想水平,要能认清谁是反动派,就要学习好政治。

起初,校委会决定成立精简课程委员会,其职责是具体领导课程精简运动。由于关系到各方利益,引起了全校的波动。一时间,众说纷纭,难以推行。而高扬芝对于这一工作,抱有虚心和认真学习的态度,并在数学系根据客观实际,认真研究,找出问题,逐步推进。后来,只有高扬芝所在的数学系和物理、化学、化工四系克服重重困难,通过耐心细致的说服工作,才就精简课程方案达成一致。后来,数学系等系科的经验在全校推开,精简课程运动得以完成。这件事突出体现了高扬芝主任求真务实的工作风范和虚心学习的敬业精神。

在理工学院进行课程改革是教育部提出的又一重要工作。早在1949年,高扬芝参加高教暑期学习班和中央教育部所召集的全国理工学院微积分教学研究会回到上海后,就创造性地将教授数学课程的教师组织起来,将研究学习成果与数学系的教育工作实践进行结合,取得了预期效果。

为了有效地推进理工学院课程改革,全国理工学院各院系课程草案初稿制定后,华东教育部组织交大、复旦、同济、大同、大夏、光华、圣约翰、震旦及沪江等九所大学的相关科系成立小组,进行讨论。组成物理系和数学系两大讨论小组的有交大、复旦、同济、大夏、大同的相关系科,高扬芝积极响应这项工作。

在大同大学开展这一工作开始也是有难度的。之前,每个老师都是根据个人对于所教授课程的理解,甚至根据个人的兴趣为学生们授课,如果哪位老师对一位教授提出关于讲课内容或方法的意见,会被认为是故意侮辱,或是在侵犯这位教授的自由。要改变旧有习惯,首先要召集大家集体备课,这不是一件很容易的事情。

　　高扬芝从自己的教学经验入手,从点滴做起。比如她在给电机院的学生上的微积分课,起先在讲实数及极限概念时,好多同学都接受不了。后来她积极改进教学方法,多举实例,深入浅出地引出数学上有关实数及极限的理论,再不断通过习题练习来巩固所学内容,教学效果很是显著。高扬芝教授逐渐形成了自己的一套行之有效的工科数学教学方法。之后,高扬芝教授主动将自己的心得体会与大家分享,让大家体会到了集体备课的好处,逐步建立起一支以工科数学教学为特色的教师队伍。教师们认识到这一做法的好处,使互相学习、取长补短的集体备课在潜移默化中形成了制度。

　　1950年6月初召开的第一次全国高等教育会议上,全国理工学院各院系课程方案正式通过,并由中央教育部编印分发至各高校参考,成为各校拟定课程的标准。大同大学数学系进行的工科数学教学以其特有的经验,在国内产生了影响,这与高扬芝主任的人格魅力和管理工作是分不开的。

　　忙碌是高扬芝主任每日的常态,她要安排不断变动的教学任务,排出数学的公共课和数学专业课;她要组织编写新的教材;她还要关心和帮助数学系里生活困难的教师,解决好他们的生活问题,解除他们的后顾之忧,以安心教学。在新中国成立后的大同大学,高扬芝变了。新中国的成立对于从穷苦家庭奋斗出来的她而言,是翻身的喜悦,她的精神面貌焕然一新。

　　几经旧社会动荡的高扬芝对黑暗现象和结党营私、尔虞我诈的一套行径早已深恶痛绝,一直希望自己能像出淤泥而不染的荷花那样洁身自爱,但在社会环境的影响下,只能逆来顺受。新中国成立了,新政府给人们带来了希望。向善、求真、务实的高扬芝面对新中国、新事务产生了前所未有的工作动力和热情。

二、数学会女代表

1951年8月15日—20日,新中国成立后的中国数学会第一次全国代表大会于北京大学召开。参加这次大会的代表共有78人,实到63人。高扬芝以大同大学教授的身份出席了这次大会,是大会唯一一位女性代表。

◎ 图5-7 高扬芝(中间站立的女代表)与中国数学会第一次代表大会代表合影

大会宣布了中华人民共和国中国数学会成立,讨论并通过了《中国数学会章程》;讨论了关于学报期刊的编辑出版、数学论文调查、名词翻译、中学和大学数学课程改革的教学问题以及各地分会成立等各项工作;座谈了如何贯彻爱国主义教育、理论联系实际、辩证法与数学等问题。大会选出了主席(理事长)华罗庚、副主席(副理事长)江泽涵以及陈建功等9位常务理事。①

中华人民共和国成立之后,中国数学会有了更进一步的发展,1951年到1956年是新中国数学会发展的黄金时代。②由于大批留学国外的数学家纷纷回国,中国的现代数学从零开始逐步发展起来。他们以极大的精力投入到培养数学人才和数学教育者的工作中,逐步缩小了与国际数学的差距。数学界在前辈数学家的影响下逐步成长起来,通过系统、正规的

◎ 图5-8 《中国数学会史料》书影

数学教育,以一整套较为完备的数学思想,建立起我国的基础数学教育,在数学学科的某些分支中已经具备研究的实力。

由新成立的中国数学会上海分会推荐,高扬芝从上海来到

---

① 杨乐,李忠. 中国数学会60年[M]. 长沙:湖南教育出版社,1996.
② 莫由,许慎. 中国现代数学史话[M]. 南宁:广西教育出版社,1987.

了首都北京。值得高扬芝高兴的是,她的老师程廷熙先生和她自己的学生管恕也当选为新中国第一届数学会的代表。

程廷熙是高扬芝的恩师,早年对高扬芝从事数学教育影响深远,一直保持着联系。新中国成立以后,新政权对程廷熙震动极大,他积极学习,提高思想觉悟,以满腔热情投入到建设新中国的洪流中。程老师积极参加了恢复中国数学会的工作,参与中国数学会北京分会的工作,在基础数学教育和培养数学教育人才上贡献突出。①

管恕②是高扬芝早年在北京一中时的学生,后来就读于唐山交通大学,毕业后任北京四中数学教师,在中学数学教育上颇有建树。1951年的中国数学会第一次全国代表大会上,管恕等人的《对苏联中学数学教材的初步体会》一文反响很好,引起同行的关注。文中论及苏联教材的三个优点:第一,理论联系实际,加强数学的应用。第二,不仅是单纯地传授知识,更是要培养正确的思维方法和基本观点,以建立辩证唯物主义世界观,如函数的强调。第三,教材的组织是一个完整的有机体,取材精简,配合恰当,符合学习心理。③ 文章对推动我国的数学教育起了有益的作用。

三代同堂,齐聚北大,欣逢盛世,百感交集。看到昔日的学

---

① 李仲来.北京师范大学数学系史(1915—2002)[M].北京:北京师范大学出版社,2002.

② 管恕,高扬芝早年学生,北京四中数学教师,后调至哈尔滨工业大学任教。

③ 张奠宙.中国数学史大系——中国近现代数学的发展[M].石家庄:河北科学技术出版社,2000.

生如今已经是著名的数学教育家,并对高等院校的数学教育有了自己独到的见解,老师程廷熙内心很是欣慰。高扬芝曾在多份履历表社会关系一栏中写到程廷熙和管恕,可见他们与高扬芝的关系密切程度。

高扬芝在焕然一新的家中见到了自己的母亲和哥哥,一家人都对新中国充满信心,对幸福生活充满憧憬。

三、思想改造

1950年6月朝鲜战争爆发,之后国内掀起抗美援朝的热潮。抗美援朝运动,是20世纪50年代初爆发的朝鲜战争,中国人民志愿军参战,全国上下掀起了支援朝鲜人民抗击美国侵略的群众性运动。抗美援朝运动也成为对知识分子思想改造运动的诱因,引发了国内思想改造运动进程。从对知识分子的组织化改造,到激烈的思想斗争;从政治、文化层面清算了美国在知识分子中的影响,到规范知识分子对美国的认识;从批判知识分子的美国观,再到清算知识分子的资产阶级思想。

1951年9月29日,受中共中央委托,周恩来总理向北京、天津两市高校教师学习会作了"关于知识分子的改造问题"的报告。同年11月,中共中央颁布《关于在学校中进行思想改造和组织清理的指示》,要求在学校教职员工中开展学习运动,号召大家认真学习马列主义、毛泽东思想,联系实际,开展批评和自我批评,进行自我教育和自我改造。

一天,高扬芝正在家里看《俄语》,收音机里中央人民广播电台播音员字正腔圆地播送着《人民日报》有关知识分子问题的社论,她态度十分认真,听得很仔细,生怕漏掉了一个字。报告全文都听完后,高扬芝内心产生了极大的触动。她决心认真学习,跟上时代的步伐,改造自己的思想。

1952年1月,上海高教及各界3 500余人,举行思想改造学习动员报告大会。1月17日下午,大同大学向全体教职员工传达讨论。1月21日,大同大学党、政、工、团召开联席会议,决定从行政、工会、党支部三个部门分别推选出十七位委员,组成华东学习委员会高教界分会大同大学支会,思想改造运动在大同大学正式展开。

知识分子的思想改造,最根本的问题是学习马克思主义,认清社会发展的客观规律,正确树立为谁服务的思想,即要用马克思主义武装知识分子,转变其思想感情,坚决和工农群众站在一起。按照华东教育部指示,大同3名负责人被派赴华东人民革命大学政治研究院出席高教界学习会议,返校后即作学习心得报告,并具体部署大同教职员工的思想改造学习任务。上海各高校的思想改造运动是由"三反"运动入手,再逐步转入正题的,意在通过"三反"暴露知识分子的问题,走好思想改造的第一关。

5月初,大同大学作为开展"三反"运动的第二批高校,与沪江大学、圣约翰大学、震旦大学及上海市立工业专科学校一起开始进行思想改造。历时一个月零四天的检举揭发,开始进入正轨。

在"三反"运动中,不管是校长、教务长、系主任还是一般教师和学生,均成为运动的对象。而那些曾留学欧美的教师和应届毕业生,则是运动中的重点。经过一个月零四天的检举揭发后,6月14日,运动便由"三反"转入思想批判阶段。在此阶段,教师们大都检讨了自己的资产阶级名利思想,超政治、纯技术等观念,自高自大等作风及各种历史遗留问题。当时由于国家需要,私立大学也实施了毕业生统一分配。那些在统一分配问题上曾有抵触的应届毕业生也就成了重点,批判他们的个人主义、自私自利等思想。

有教授检讨了自己"崇美、亲美"的买办资产阶级的奴化思想。他深挖自己的思想根源时说:"我在美国长期地接受了资本主义社会的反动教育,从而导致我盲目地相信,中国在文化教育各方面的发展应该走美国的路,成为文化买办。"

有教授批判了自己对美国物质文明的盲目崇拜,检讨了教学中选用英文教材的错误,剖析自己传播了毒素,抹杀了良心,无意间替美帝做了传声筒,"实属可耻之极"。[①]

高扬芝在学校的第五学习小组参加思想改造运动。组员有:曹一华、顾静徽、朱家麒、周昌寿、汤睿、张乐惠、冯柏青、严春山、徐任民等,小组长是物理系姚启钧。高扬芝在这次运动中的

[①] 陈红.1949—1952年高校教学改革研究——以上海私立大同大学为例[D].上海:华东师范大学,2011.

态度是十分认真的。

小组中,大家纷纷检查自己的思想问题。在同一小组的物理系教授顾静徽说:"我以往所教的物理课程、教材内容,只求合乎欧美标准,不管实用与否,仍用原文。我以为整个物理学是建立于辩证唯物主义的观点上,教材不论参照苏联或英美,都大同小异。因为我已经习惯了英美那一套,所以原封不动把它们搬过来教。我错误地认为科学工作者没有阶级性,不自觉地做了资本主义的知识贩子,犯了严重的洋教条主义,使教学蒙受了极大的损失。"

从高扬芝的学习总结中,可以看出她思想上的变化。

高扬芝则认为:"自己在北京大学读书时政治认识不正确,只是不满意当时的统治阶级,但未认识到共产主义真理。看见很多革命志士,出生入死参加斗争,不能理解他们的动力,因为自己没有这种动力。以为自己洁身自好,以为数学是超政治、超阶级的,自己做的是超政治的数学教师。"

通过这次学习,高扬芝改变了自己轻视为大众服务,脱离人民的错误认识。在谈到自己作风问题时,她说:

"对于生活待人接物,表现独善其身,不关心他人困难。主观上自高好胜,不肯向同事虚心求教,没有工人阶级大公无私,团结互助的高贵品质,不认同自己有互帮互助的义务。看问题,处理问题,全是从个人利益出发。眼光狭小。看不见广大人民的力量,看不见祖国伟大的成就。"[1]

---

[1] 高扬芝.思想改造学习总结[A].南京:江苏省档案馆,3007130016.

她最后说:"今后一定会加强政治学习,提高政治觉悟,读政治经济方面的杂志,马列主义和毛泽东思想的书籍,培养自己对祖国,对人民的热爱之情。"①态度十分诚恳。

她在总结自己的工作表现时说:"人民教师责任重大,在教学上要把教书和育人相统一,管教也管会,主动与同学进行联系,督促辅导,把教书看作是自己的责任,要对人民负责。"②

新中国成立初期知识分子思想改造运动是对旧知识分子进行改造,是为了迅速确立马克思主义意识形态在思想文化和学校教育领域的指导地位的需要。当时人们都在学习马克思主义政治思想以后,对自己的学术思想严肃清理。这恰恰说明,新中国成立初的广大知识分子为了认同和服务于新政权,纷纷学习和了解共产党的方针政策,也主动要求进行思想改造。

新中国建立后,高扬芝得知母亲在北京过上了新生活,日子一天比一天好。哥哥高扬华全家生活无忧,大家都积极要求进步,从心里爱戴、拥护新生的人民政权。

看到祖国欣欣向荣,人民安居乐业,高扬芝的思想上的变化是巨大的。她是真心拥护新中国,愿意为国家贡献自己的力量的。这一运动触动了高扬芝的心,通过运动她由旁观者转变成了参考人。

8月,历时3个多月的思想改造运动顺利结束。

在进行思想改造的同时,中央教育部对下一步的全国院系调整开始了部署。1951年3月2日,中央教育部给各大行政区

---

①② 高扬芝.思想改造学习总结[A].南京:江苏省档案馆,3007130016.

教育部下发通知,指示上报各大专院校师资配备情况。华东教育部于3月19日将中央教育部的通知传达至华东区各高校。

调整初期,一切顺利,但也有质疑。在上海,曾出现过知识分子的不同声音。曾有大同大学一位教授说:"大同大学,作为大学来说,条件是很差的,但是,我个人贪图着它的待遇不坏,地点便利,希望最好是迟几年才调整。"由于台海关系紧张对峙,上海一度处于经济下滑状态下,私立学校生源减少,学生付不起学费,经济十分困难。由于招不到更多数学学生,大同大学数学系可上的课很少,教师们只有上外系的课。高扬芝也对自己的前途担心起来。

大同大学物理系主任姚启钧后来说:"关于高等学校的院系调整,我起初是有顾虑的。我患有严重的眼疾,身体不好,且家有老母,不愿离开上海。如果一个人调到很陌生的学校去,那更是不愿意。但另一方面,我在私立大学教书,经费来源,主要是靠学费的收入,照目前这个情况来看,政府想把私立大学原封未动改为公立的希望很是渺茫,所以我倒又希望院系调整了。"① 1952年院系调整时,私立大同大学被裁撤,大同大学数学系整体并入复旦大学。大同大学在中国教育史上留下了绚丽多彩的篇章,新中国成立后,出自大同的两院院士与学部委员就有39人之多,可见大同大学的影响之大。

"以培养工业建设人才和师资为重点,发展专门学院,整顿

---

① 陈红. 1949—1952年高校教学改革研究——以上海私立大同大学为例[D]. 上海:华东师范大学,2011.

和加强综合大学",仿照苏联高校设置模式进行的全国高校院系调整,成为中国现代教育史上的重大事件,它不仅影响了中国高等教育的发展,也影响着每一个身在其中的人的命运。

高扬芝,一个旧知识分子,从此不得不离开了工作了21年的上海。

陆 建南师数学系（一九五二—一九五五）

> 1952年8月,全国高校院系调整,高扬芝由上海私立大同大学数学系来到了南京师范学院数学系,担任系主任、教授。
> ——宋喆《高扬芝——诲人不倦的数学教育家》

一、筹办数学科

高扬芝的命运是与南京师范学院的发展不可分割的。

1951年8月,国家教育部召开第一次全国初等教育和师范教育会议,提出"每一大行政区至少建立健全的师范学院一所","各省和大城市原则上设立健全的师范专科学校一所"的规划。1952年,教育部根据"以培养工业建设人才和师资为重点,发展专门学院,整顿和加强综合性大学"的方针,确定以华北、东北、华东为重点,开始大规模的院系调整。在南京组建南京师范学院的计划开始实施。

1952年8月下旬,组织找高扬芝谈话,考虑到她曾在大同大学担任过数学系主任,准备将建设南京师范学院数学科的任务交给她。大同大学撤销后,数学系计划并入复旦大学,高扬芝本可以顺理成章地调往复旦大学,或者留在上海其他高校任教,但是高扬芝为了祖国高等师范教育的发展毅然放弃了

◎ 图6-1 50年代的高扬芝教授

上海优越的生活,接受了组织的安排。

高扬芝自 1931 年来上海任教,在上海高校工作了 20 年,一直没有离开过上海。已过不惑之年的她,早已习惯了上海的生活,除一口京腔之外,从穿着打扮到生活习惯,她俨然就是一个地道的上海人。上海有她的梦,在这里她立业成名,在这里她桃李天下,在这里她苦熬八年,在这里她迎来了新中国的成立。她本可以在上海继续工作下去,但此时这一切她已不再挂念。

调往南京,那将面临一系列困难,而义无反顾的高扬芝认为这是一个崭新的开始。组织上的信任使她暗下决心,一定要将工作干好,为自己有幸能当"教师的教师"而感到自豪。

新的工作给高扬芝的生活带来了新的希望。

1952 年 7 月,南京师范学院建校筹备委员会成立。它是以南京大学和金陵大学为基础重组的,以原南京大学师范学院和金陵女子文理学院有关系科为主,连同上海震旦大学托儿专修科、广州岭南大学社会福利系儿童福利组等系科合并改建成立的。

◎ 图 6-2 数学科所在的 400 号办公楼西门

8 月下旬,南京师范学院系科初建工作完成,办学地址为原金陵女子大学校址。9 月 8 日,华东区高等学校院系调整委员会南京分会发出第 20 号通知,华东军政委员会教育部任命陈鹤琴担任南京师范学院建校筹备委员会主任委员,吴贻芳、齐建秋为副主任委员。

高扬芝只身一人来到南京,开始着手筹建南京师范学院数学科。高扬芝带着简单的行李住进了为她安排的南山乙楼女教师宿舍。

高扬芝日夜投身数学科的组建工作中,引进教师、招收新生、安排教学……高扬芝认识到在新的岗位上,最困难的是人事的管理。这时领导的话提醒了她,于是她将自己建设数学科的人员结构设想写了出来。经过近3个月时间,通过严格的政治审查、业务考核,选出2位教授、1位副教授、1位讲师、2位教员、1位助教,数学科的师资队伍初步形成。最初的人员有:张济华、李绪文、杨锡宽、沈廷玉、钱克仁、吴葆荣,他们大都是在1952年的院系调整时,依据志愿和需要从各地调来南京师范学院的。[1]

1952年10月6日,南京师范学院举行建院典礼。华东军政委员会教育部领导、筹建委员会主任陈鹤琴,副主任吴贻芳、齐建秋等出席了本次建院典礼。会上,教育部领导和陈鹤琴院长分别致辞,同时还颁发了一系列任命书。高扬芝和南京师范学院最初的200名教职员工以及600多名学生见证了这一重要的历史时刻。[2]

---

[1] 南京师范学院教师登记表[A].南京:南京师范大学档案馆,B52003.
[2] 柯小卫.陈鹤琴传[M].南京:江苏教育出版社,2008.

10月21日,华东军政委员会教育部批准高扬芝为南京师范学院数学科主任。其他各系科主任配备名单如下:教育系主任张士一先生,幼教系主任钱且华先生,中文系主任孙望先生,理化系主任吴懋仪先生,美术系主任黄显之先生,音乐系主任陈洪先生,史地科主任李旭旦先生,生物科主任陈邦杰先生。① 从这个名单可以看出各系科的负责人在当时皆是一时之选,贤达云集,体现了当时重点办好师范教育的指导思想。

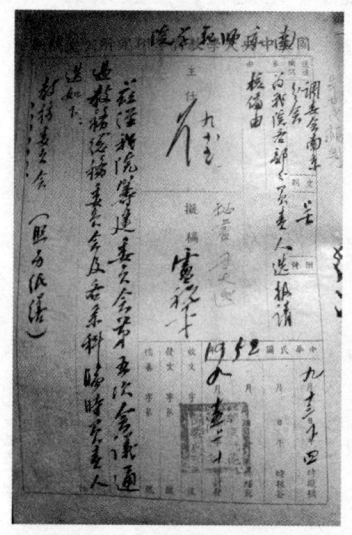

◎ 图6-3 通过南京师范学院部分系科负责人文件之一

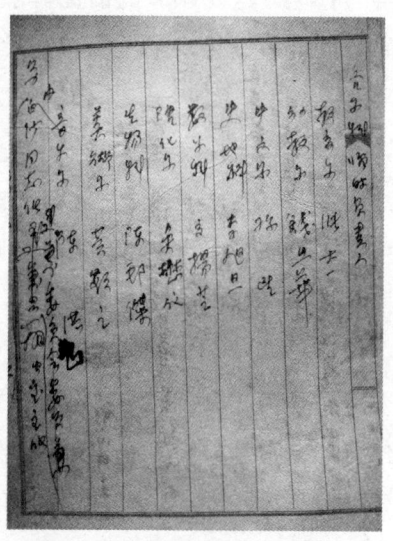

◎ 图6-4 通过南京师范学院部分系科负责人文件之二

12月5日,教育部任命陈鹤琴为南京师范学院院长,纵翰民为第一副院长,吴贻芳为第二副院长。新的大家庭有了"家长",

---

① 南京师范大学校史编写组. 南京师范大学大事记(1902—1990)[M]. 南京:南京大学出版社,1992.

在他们的带领下,紧张、忙碌的建院工作紧锣密鼓地展开了。

在学校的统一计划下,1952当年,南京师范学院数学科开始招收一年制数学班学生,共计41人,二年制数学专修科学生,共计40人。

学生有了,可要开展正常数学教学工作对于初建的数学科来说却困难重重。教师来自全国各地,以前从未在一起工作过,每个人教学的特点、个人的秉性彼此都不甚了解,须经过一段时间的磨合才能形成合力。课程的设置、教材的准备、人员的调配以及学生的管理,甚至教室和宿舍的安排也要高主任亲自过问。面对复杂的人事,不善于与人打交道的高主任步履艰难。

高扬芝开始担心起来,她认识到自己在旧社会私立大学里的一些管理方法可能并不适合新师范院校的办学要求。她不想看到因自己思虑不周给南京师范学院数学科的创建工作带来损失。

高扬芝老师曾经两次提出辞呈,说自己只想当一个普通的教师,教好几门课。她找到学院领导反映:自己虽然在大同大学担任过数学系主任,但是私立院校和公办师范院校的管理模式迥异,恐无力完成领导交给的各项任务。

院领导与她谈心,说筹建南京师范学院数学科,谁都没有经验,希望她不要害怕失败,在不断摸索中找出办学规律。治学严谨的高扬芝依然不能理解领导的想法,她内心一直在想:师范生未来都是教人的,误了他们等于误了几代人,师范实际上就是"示范",而要完成组织上交给的任务,自己的经验还不够。于是她再一次向院领导说出自己的请求:"学好了再教,有经验了再干。"

但是，对她寄予厚望的学院领导并未给她太多的时间，只是鼓励说大胆地干，不要怕，有问题大家一起商量，相信她一定能出色地完成任务。在领导的支持和鼓励下，她只好勇敢挑起这一重担。

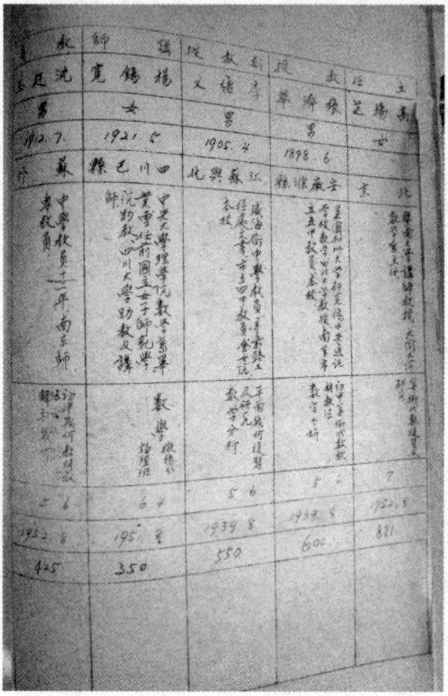

高扬芝做事向来一丝不苟，她应承下来的事就一定会设法办好。下定了决心的高扬芝，凭着对新社会强烈的拥护和热爱之情，凭着对数学教育事业的强烈责任感，夙兴夜寐，全身心地投入在数学学科建设工作中。

◎ 图 6-5 南京师范学院数学科部分人员名单

建立数学科后，高扬芝时常琢磨师范学院数学科的体系和建设规范等问题。师范学院数学教学的要求与私立大学大有差别。私立大学强调实用，师范院校强调知识的体系结构。对此，高扬芝一直思考如何从私立大学教学思维转变为师范院校的教学思维，后来她在强调理论学习的基础上对整体课程体系进行布局。好在新的社会给人们以新的希望，人们都以极大的热情为新社会服务，这为数学科的巩固提供了有利条件。在学习苏联的大背景下，南师的数学教育也不例外地借鉴了苏联模式。高扬芝与同事们一起研究，认为苏联的模式在适应学生心理发展,融合数学与其他学科联系及函数能力和空间观察能力的培养上是可取的。为此,他们在教学上积极使用苏联教材,并虚心学习,以求实效。她通过老师程廷熙向北京师范大学数学系的傅种孙等先生们写信请教师范院校的建设问题,得到了不少建议和帮助,高扬芝的工作信心更足了。

新中国建立后,知识分子的新型人际关系正在逐步形成。1952年9月30日,中央教育部就各地教师来信提及的"当教师是否算革命工作"这一问题,发出《关于人民教师应算为革命工作人员的通报》,其中指出:"人民教师应称为职员,是工人阶级的一部分。"通知肯定了人民教师的地位,调动了广大知识分子为社会主义国家服务的积极性,"职员"一词成为光荣的词语。人人平等、不图私利、集体主义成了新社会的主导思想,人们的思想觉悟空前提高,都想为社会主义国家添砖加瓦。大家心往一处想,劲往一处使,集思广益,勇闯难关,打下了建设基础,国家走上了正确的建设轨道。

新社会,新环境,让从旧社会过来的高扬芝教授焕发出火热的干劲。当时,南山乙楼高扬芝住处的灯光经常亮到凌晨时分。夜深人静时,她坐在书桌边,一边研究文件,一边查阅资料,认真谋划系科的工作和未来的发展方向。她常在想,师范院校的教学工作不同于自己原有的工作,要领导和管理好师范数学科,提高师范数学教学的针对性,把数学科的工作搞好,唯有不断学习努力工作,同时求教于有这方面经验的老师和同事们。

在数学科办公的400号楼,常常能看到高扬芝忙碌的身影。

当时,由于并未配备教学秘书和教务干事,科里的行政事务高扬芝几乎全都干过,她一天到晚总是高兴地忙碌着。在她的表率下,大家一起努力,科里的教学工作一天天地走上正轨。

◎ 图6-6　南山乙楼

一天,有人来科里找高主任商谈工作,见办公室里一位老师正在黑板上画课表,就问道:"同志,请问高扬芝主任在哪间办公室工作?"高扬芝回过头来,拍了拍两手的粉笔灰,对来者说:"我就是。有什么事找我啊?"来者瞪大了眼睛,简直不敢相信,惊讶地说:"您就是高主任?这种事也要您来做!"高扬芝笑了笑说:"这没有什么,科里的人手少,这点事我顺手就做好了。"在高主任的带动下,数学科上下一心,人人关心学科的建设,从自己能做的小事干起,数学科有了起色。

随着来自各地的教师陆续集结,数学科马上就招收了一、二和三年制数学三个专科班。有了学生,数学科一下子充满了活力。高扬芝就像上了发条的钟表一样不停地上课和工作着。

一年制的一批学生均是来自省内各中、小学的数学教师,文化层次不一,数学知识参差不齐,但是他们有一定的教学经验,学习目的很明确。高扬芝和同事们精心安排了适合他们的课程和教材,使得他们的理论知识不断丰富,理论联系实际的能力迅速提升,顺利地承担起中学初级数学课的教学工作。

1952年10月下旬,南师召开全院教职员工大会,动员教职员工参加政治理论学习。学院主要领导在会上说明了政治理论学习的重要性,学习内容是辩证唯物论。高扬芝和同事们一起参加了学院组织的辩证唯物主义、实践论和教学改革的学习。做事认真的高扬芝把针对数学学科建设中的问题,集思广益,克服了一个又一个困难的经验作为自己的学习体会认真地写了6页纸交了上去。

转眼一个学期过去了,高扬芝负责的数学科建设工作初见雏形。建设初期数学科开设了初等几何、初等代数、解析几何、微积分、线性代数、概率论与数理统计等课程。

高扬芝非常重视师资的培养,从一开始就有计划地将教师培训列为学科建设的重点任务。当她从恩师程廷熙教授那里得知1953年3月北京师范大学数学系将举办"算术代数师专师资培训班"的消息后,马上向校领导请求,立即通知即将到数学科工作的应届大学毕业生邵甲一去参加。

这个班是新中国建立后北京师范大学数学系开办的第一个研究生班,参加这个班的学生改革开放后都给予了研究生待遇。邵甲一在这个高水平的培训班得到了高校数学专业教师的指导,回到南师后,他承担起多门主要课程的教学任务,成了数学科的顶梁柱。[①] 南京师范学院数学科建设的起点高、目标远,这

---

① 李仲来.北京师范大学数学科学学院史(1915—2009)[M].北京:北京师范大学出版社,2009.

与高扬芝有长远眼光是分不开的。

1953年,为快速发展经济,我国制定了发展国民经济的第一个五年计划。其中建立较为完整的工业体系是最为重要的任务,全国上下掀起了一场工业化的热潮。南京师范学院的师生也热火朝天地投入到社会主义建设的大潮中,力争为国家培养更多的师范人才。

1953年8月,南京师范学院数学科第一届专修科学生顺利毕业。第一批学生走出校园后,大都被分配在中学数学教学的第一线,成为新中国培养的首批新型数学教师,为基础教育工作增添了力量。许多毕业生在自己的岗位上做出了骄人的成绩,南京师范学院数学科的毕业生在社会上渐渐有了名声。

◎ 图6-7 首届数学系专修班与某部联欢合影

潘骏成是南京师范学院数学科1953年的第一届毕业生,在学校就是学习尖子和班长。她被分配到上海市第六女子中学担任数学教师(当时上海市大部分区域属于江苏省)。她热爱教育事业,积极努力工作,得到了领导的肯定,在 1953 年"五四"青年节上海市黄浦区中教团支部召开的座谈会上,得到支部公开表扬,她的事迹被刊载在上海《青年报》上。①

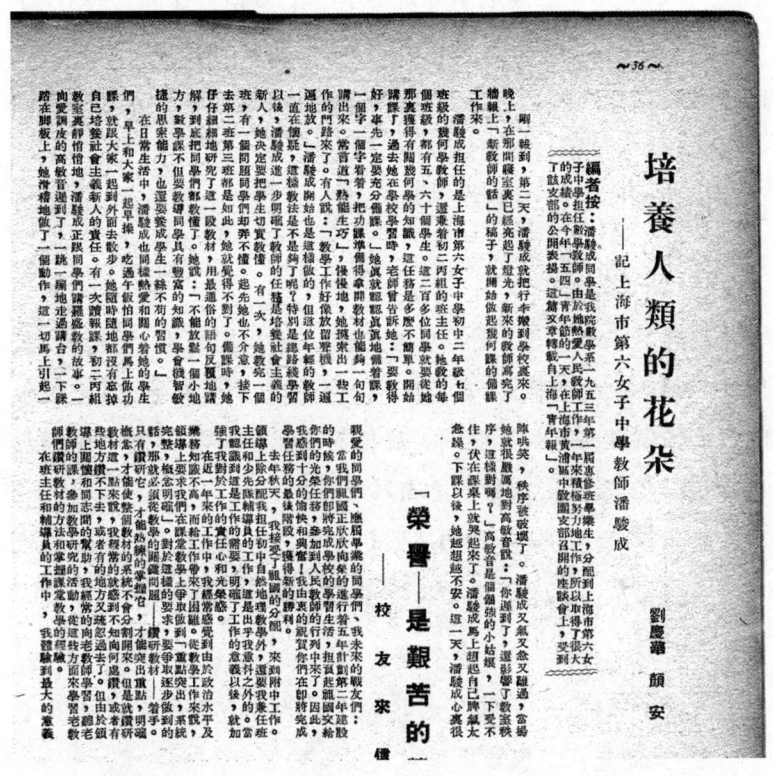

◎ 图 6-8 《南师校刊》上登的《培养人类的花朵——记上海市第六女子中学教师潘骏成》

---

① 潘骏成老师一家与南师有着不解之缘,她的先生是同届的物理系学生,而且两人都是班长,他们是在南师相识的。其子沈康后来也就读于南京师范学院生物系,毕业后一直留在南师工作。

高扬芝虽然担任着数学科主任,但她一直认为自己是一名传道授业的教师,把教好每一节课当成她一生的追求,矢志不渝。

一天,在给第二届数学专修科学生上微积分课时,她用庄子的"一尺之棰,日取其半,万世不竭"这句话来引导学生们理解极限概念。这句话的意思是一尺的木棍,每天取其一半,永远都用不完,这就是"极限"的概念。

周燕娟同学举手说:"棰剩下的长度是越来越小的,任意第 $n+1$ 天,棰剩下 $\frac{1}{2^n}$ 尺,足够多天以后,不就是零了吗?"

高扬芝微微点头,笑着对她说:"你能积极思考,这很好啊。但极限是一个新的概念,它不能用旧有的知识体系去理解,极限的概念妙就妙在有与无之间。"高扬芝就是这样在课堂中循循善诱,引领她的学生进入数学的奇妙天地的。

高扬芝当年的学生周伯凤回忆了对高老师的印象。

作者:周老师,请您讲一下对高扬芝老师的印象,好吗?

周老师:可以。我们刚去的时候,她就是系(科)主任,她戴个眼镜,是一位有点胖的老太太。我们那时候不喊老师,喊高先生。但觉得她对我们就好像对小孩一样。

举一个例子,我们女孩子总感觉自己好像不是学数学的料。她就跟我们讲:"数学没有什么了不得的。"她手里拿着一本书,说:"(数学)没什么,很容易学,比任何学科都好学。你看我就轻轻把它举起了吧。我不高兴可以把它摔得很远。""要努力学,数学也不难。一本厚书,学着学着,就可以将它变薄了。"

作者:周老师,您对高扬芝老师教的课还有印象吗?

周老师:有印象。因为我大概是喜欢数学的,所以她讲的话我很爱听。学数学从来不用死记硬背。

高扬芝先生教我们数学分析。学到的东西都要分类,这一类东西放在这儿,那一类东西放在那儿。高先生就说:"像我们家里,这里是摆衣服的,这里是摆裤子的,这里是摆袜子的,东西都要归类。归类就要起名称。在数学里面,没办法调整的时候,就叫它无理数。如果是你生得早,你不叫它无理数,可能起一个叫探索数、未知数。但是可惜你生得迟了。"那时候我才懂,为什么好多东西是这样定义的。

这就是高先生讲的数学,我觉得她讲得很有道理。她讲课还有个很大的特点,她不怎么用书,好像(讲课内容)就在她脑子里,很自然地就出来了,很容易懂。

从周伯凤老师的回忆中可以看到一个和蔼可亲的长者对学生的爱,对数学教育的执着追求。

随着人员不断充实,高扬芝主持数学科的工作越来越得心应手。她参加了南京师范学院党委组织的师范化学习,在统一认识的基础上,认清了以后工作的方向。为加强普教的针对性,要引进一些对中学教学熟悉的中学一线教师,在领导支持下,数学科调来了一批学有专长、富有教学经验的中学老师,徐慧娟等一批老师就是这一时期调来的。新教师壮大了数学科的队伍,突显了数学科的师范性。高扬芝带领数学科全体同事,借助有利条件,使南师数学科建设得生机勃勃,办学水平有了很大提高。这为南师数学科之后招收本科学生打下了基础。

在教学上高扬芝从陈鹤琴先生的儿童教育理论中得到启发,认为数学教育也要使学生理论联系实际。南京师范学院院长陈鹤琴先生是著名的儿童教育学家,提倡根据儿童的心理特点和学习特点进行"活"教育。他认为:教材可以大自然、大社会为中心。首先要教孩子真的、活的东西,让孩子对事物有直观的印象。只有这样教育,才能培养出好的学生。

高扬芝就与数学科老师一起着重加强短训班应届毕业生的教育实习工作,让数学短训班实习生进行了充足的备课和试教并加强指导。同时,高扬芝对新的教学体系也有全面的认识和掌握,她体会到苏联教学法中巩固性原则的重要性,并在实际工作中进行了改进,取得了突出的效果。

曹方人是1954届专科毕业生,《南师校刊》上刊登有他当年在校期间写的《在实践中的检验——教育实习个人总结》,这篇比较全面地总结了从备课、试教到评议实习的全过程,他在实习中得到了锻炼,在思想上和业务上也有所收获,特别是在建立专业思想上有了真实的体会。① 看到自己培养的学生一天天成长起来,高扬芝感到十分欣慰。

1954年,二年制专科班学生毕业了,这批毕业生更能熟练地掌握数学教学法的内容,更受到社会的普遍欢迎。一些品学兼优的毕业生为师范教育做出了突出的贡献。

---

① 曹方人.在实践中的检验[J].南师校刊,1954(6).

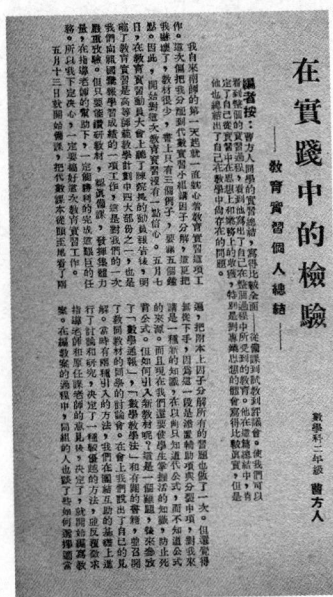 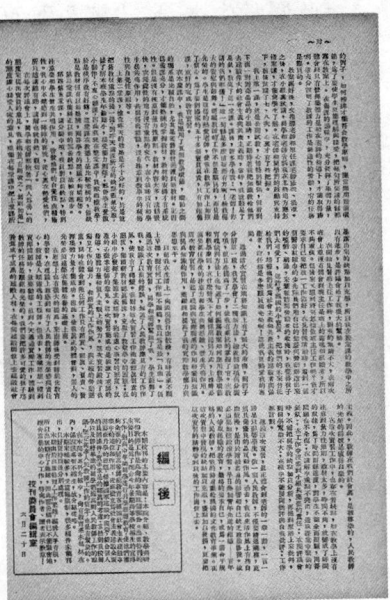

◎ 图6-9 登载在《南师校刊》上的《在实践中的检验》之一

◎ 图6-10 登载在《南师校刊》上的《在实践中的检验》之二

◎ 图6-11 1954届数学专科班合影

此届学生中,秦艺辉和周伯凤毕业时选择了留校任教,后来秦艺辉成为高校领导,周伯凤去中学当了特级教师。庄万去了山东师范学院数学系,后来参加了北京师范大学1956年数学分析研究班的学习,学有所长,成为骨干,为学校赢得了荣誉。

二、教学新追求

当好一名数学老师,做好数学教育事业,是高扬芝一生的追求。她来到南京师范学院数学系后,针对师范教学特点,努力提高自己的教学水平,力求教育出一批优秀的数学师范生。

◎ 图6-12 50年代时的南京师范学院大门

当时,南京师范学院的一些著名教授都能够结合学生的特点因材施教带动课堂教学。① 高扬芝的授课效果尤为突出,她的授课深入浅出,通俗易懂,深受学生们的欢迎。她在授课中把数学史上的"悬案"与学生的兴趣结合起来,栩栩如生,让学生着迷。

为教好学生,高扬芝以身作则,认真学习,精心备课,力争上好每一节课,努力教出优秀的数学师范本科毕业生。在实践论学习第三单元报告中,高扬芝听了学院政治辅导处白沙主任的报告:"历史不断前进,经验永久落后于任务,我们须在干中学习,不可能学习了再干。"这句话对她启发很大,她认识到以往许多想法都是主观的,客观世界的改进必然会落后于时代,无论什么人都永远不能说我已经学好了,已经有经验了。"本来我内心存在一个主导思想,就是'学好了再教,有经验了再干'",这个问题得到了根本解决。学院实践论的学习,给了她前进的新动力。自此她更加自觉地积极改进自己的教学方法。《初等数论及研究》一书中讲算术代数复习及研究的课程,需要讲解整数的性质。当时苏联教材中没有合适的内容,高扬芝就从自己在大同大学老系主任吴在渊先生的《整数论》中选取内容来补充。②

之后,高扬芝教授每当讲到一个定理时,都先举若干实例,从实例中找出规律,再用数学理论严密证明。定理被学生接受后,再利用定理讲解繁杂的习题。这样组织教学就突显出理论

---

① 张留芳.治校治教治学——南京师范大学办学理念寻踪[M].南京:南京师范大学出版社.2003.
② 高扬芝.实践论学习体会[A].南京:江苏省档案馆,3007130016.

认识从实践由表及里、去粗取精提炼的认识过程,完全遵循了实践论的理论。

苏联数学家阿亚·辛钦的《数学分析简明教程》难度很大,抽象、难懂、举例少,大家都不愿选用。高扬芝却有自己的看法,认为这本书是培养学生逻辑思维和创造能力的有力抓手,在她的倡议下学校将其选为教材。高扬芝不断提高自己,一丝不苟地上好每节课。

一天,高扬芝在给三年制专科班上数学分析课,她先给大家讲了一个故事:"学校新建了一个体积为 100 立方米的游泳池,现在往游泳池里注水,注水管出了故障,每注入剩下的一半体积,就要修理一次注水管,才能接着注水,那么问题是:有可能将游泳池注满吗?"随后,她留了时间让大家思考,请同学们讲一讲自己的思考过程和结果。

几分钟过去了,课堂反应并不热烈,同学们都低着头,没人主动回答。等了两分钟,高扬芝点了班上一个腼腆女生王小荷同学来回答这个问题。王小荷揪着自己辫子站起来说:"游泳池里的水在不断增多,只要多注入几回,水池总会满的。"高扬芝笑着让她坐下再想想。

"注水管第一次在注水 $\frac{1}{2}$ 时需要修理,还剩 $\frac{1}{2}$,第二次在注水 $\frac{3}{4}$ 时需要修理,还剩 $\frac{1}{4}$,第三次在注水 $\left(\frac{3}{4}+\frac{1}{8}=\frac{7}{8}\right)$ 时需要修理,还剩 $\frac{1}{8}$。剩下的体积越来越少,游泳池应该能注满。"班上的男生黄述同这样回答。

这时，施中柱同学马上站起来说："剩下的体积越来越少，但是修理水管的次数也越来越多。"李林森同学也站起来说："在前面分析的基础上，我们可以知道，第 n 次注水后剩下的体积为总体积的 $\frac{1}{2^n}$，总是大于零的，但是 n 足够大的时候，这个剩下的体积几乎为零。"高扬芝看到课堂讨论氛围热烈，大家都在积极地动脑筋，感到很欣慰，她示意大家安静下来，接着在黑板上写下了：

$$\frac{1}{2^n} \to 0 \quad (n \to \infty)$$

这个表达式同学们第一次见到，但是联想到之前的讨论，大家迅速明白了式子所表达的含义。接着高扬芝给大家讲了极限的定义，带领大家走进了数学分析的大门。相对于先给出定义，注入式地要求学生接受，这种启发式教学无疑是更有益于学生思维发展的。

高扬芝教授的课在同学们中十分受欢迎。

在南京师范学院举办的辩证唯物论学习心得交流会上，高扬芝就曾谈到自己的体会：

> 参加了学习，通过研读文件和启发报告，我对唯物主义，有了进一步的认识。我体会到：
>
> 在教学工作中，一向是主观地计划教材教法，自以为很合适，如果学生反映好，我就很高兴；如果学生反映听不懂，我总以为学生不用心听讲，或学生基础差，很少检查自己。为了自己的名誉，我也肯搜集教材，不断进修，但出发点不

是为了教好学生。学过实践论,(我)认识到要搞好工作,先要调查客观情况,再定计划,单凭主观,一定要失败。最近教学,(我)注意课代表反映意见,针对学生具体情况,进行教学。例如求复数的模和模角,我主观上以为很容易,讲一两个例子就过去了。后来课代表反映意见,说有很多学生听不懂,在重点辅导时,我又一连举了十多个不同样的例子,并叫每一个学生各板演一个例题,这样学生就全懂了。

在学术思想上,知道唯物主义的认识论,是先由感官认识客观存在的事物,因(进)而得到概念,寻出规律,把认识提高到理论,指导实践,再由实践检验理论、再提高理论、再实践,循环不已,步步提高。钻研苏联教材后,(我)才认识到由感性的实例出发,是苏联教学法的原则之一,按此原则,既符合唯物主义的认识论,又符合科学发展真实过程,学生亦感到容易懂。

在组织教材方面,我初步地掌握了唯物主义的认识论,能从旧教材中,用新观点新方法把它组织起来,例如算术代数复习及研究课程中,需要讲解整数的性质,而苏联教材中无适宜的资料,我就在吴在渊所编的《整数论》中选择教材,每一个定理都先举若干实例,从实例中找出规律,再用数学理论严密证明。定理确定后,再利用定理解答繁杂习题,这样组织教材,可以明确显示理论认识指导实践的便利和效果,并显示了理论认识是从许多实践中,由表及里,去粗取精,去伪存真地提炼得来,仔细研究各种科学和发展,完全证实了实践论的真理性。①

　　高扬芝在平时授课中，主张学生多提问题。她对学生说，只有多学，才会多问，反过来又能促进多学。平时，只要有学生来问问题，无论她手头的工作有多忙，总会放下工作来给学生耐心细致地讲解。她的神情总是不温不火，慢条斯理，再难的问题，也总能给出解答。有的问题难度大，她总能在讲解时从学生的表情中看出学生懂了没有。不懂，她就接着换一种方式再讲，直到学生听懂了为止。一向对学习数学有畏难思想的女同学，总是能从高老师那里得到学好数学的鼓励和信心。

　　高扬芝教授就是这样在教学上不断对自己提出新要求，在教学上下功夫的。她认真学习，细心备课，以实际行动为同事们做出了表率。

三、组建数学系

　　1953年夏，随着第二届数学科二年制学生走上工作岗位，南京师范学院数学科的社会声誉越来越好。一年来，高扬芝的政治思想和业务水平都有了极大提升，数学科的工作得到了领导

---

① 高扬芝.实践论学习体会[A].南京:江苏省档案馆,3007130016.

和同事们的肯定。这时组建数学系的工作就提上了议事日程。

1953年8月下旬,华东军政委员会教育部批复,同意南京师范学院理化系分设为物理、化学两系,并建立数学系。数学系主任为高扬芝,化学系主任为吴懋仪,物理系主任为许国梁。① 南京师范学院数学系师资队伍日益壮大,各大院校优秀的大学毕业生纷纷来数学系任教,由数学科发展起来的数学系已在国内数学教育领域占有一席之地。数学系计划从1955年秋季开始招收四年制本科生。

1953年秋,新的学期又开始了。高扬芝主任用自己的亲身经历向新来的学生宣讲数学教师的重要性和怎样学习做一名合格的数学教师。她说:"师范教育是整个教育事业的基础,要培养优秀的中学毕业生,就要提高我们的教育质量水平,它关系到能不能为国家输送有文化的劳动者。你们都是未来的数学教师,从事这一职业十分光荣,要努力学习专业知识,用自己的本领使受教育者成为科学家、工程师,为社会主义国家服务。我们师范教师就是要像红烛一样,照亮每个学生的人生。"

这时,也是高扬芝最为忙碌的时期。数学系设系教务会议,由全系教员组成,系主任为首,计划本系学术设备事宜,直接处理教学、科研等具体事务。在教学的目的、性质、规模以及教学计划都已经确定后,接下来就是课程设置和教学安排。大家各尽所能,创造条件,首先围绕开出的课程开展工作。

---

① 南京师范大学校史编写组.南京师范大学大事记(1902—1990)[M].南京:南京大学出版社,1992.

教材建设是重要的一环。这一时期数学系组织人员根据师范教学的要求和学生的实际情况,学习兄弟师范学校的经验,借鉴他们的教材。同时在没有合适教材的情况下,编写了一批油印教学讲义:《数学史讲义》《复变函数讲义》《计算数学讲义》《初等数论》《初等代数》等。

南京师范学院数学系建立之后,迅速提高师资水平就成了系里的工作重点。高扬芝教授不仅自己身体力行地改进教学,作为系领导还要带动全系提高教学质量。在她的提议下,数学系在全校首先以教师公开课的形式帮助青年教师提高教学水平。

1955 年 4 月 19 日,数学系举行了面向全校的习题公开课。上午,纵翰民副院长[①]、高觉敷教务长以及物理、化学、数学三系教师共 30 多人观摩的习题公开课正式举行。教授平面几何的李绪文老师用直观的教具,结合提问,复习了一周内所讲过的教材。用解题的方式培养学生运用理论知识解决实际问题的能力。数学系习题公开课在校内产生了广泛的影响。下午,李绪文老师进行了自我剖析。参会的老师肯定了李老师的自我剖析,并在充分讨论的基础上提出了意见和建议。与会领导和教师一致认为,李老师的数学习题公开课让大家很受启发,通过活

---

① 纵翰民(1905—1992),生于江苏萧县(现属安徽)教师家庭,自幼在萧县第一高等小学读书,成绩优良,曾参加声援五四运动的游行宣传,受到爱国思想启蒙,后投奔革命。1952 年 10 月任南京师范学院副院长,分管行政工作,后被选为党委书记。1957 年,赴无锡华东艺专任校长兼书记。华东艺专后迁至南京改为南京艺术学院,任院长。

动对习题课的作用有了较为正确的认识,希望教务处重视,多组织一些这样的公开课。其实,高扬芝对李绪文老师的公开课十分重视,她和其他几位老师对李老师的讲稿进行了多次修改,手把手地教。由此可以看出高扬芝主任对此次活动的重视。

高扬芝主持召开评议会。会上高扬芝主任对这次观摩作了小结,她说:这次观摩的目的是交流经验,提高习题课的质量,希望大家能从这次观摩中相互学习,取长补短。李老师的公开课得到了广泛肯定,这次公开课极大地推动了数学系和学校的教学改革工作。①

到1955年7月,全系已有教职工18人。具体人员如下。教授:高扬芝、李绪文、张伯康、张济华、周正;副教授:沈廷玉;讲师:杨锡宽;教员:徐慧娟、钱克仁、张济民;助教:吴葆荣、邹廷桂、施中柱、秦艺辉、周伯凤、祝捷、邵甲一;职员:王文慧等。②

1955年2月,数学系数学分析教学小组撰写了《数学分析课程试行考试与考查的情况和经验》,后刊登在《南师校刊》上。文章系统地总结了1954—1955年度第二学期对专修科二年级进行数学分析试行考试与考查的工作,认为:新的考试制度是一面镜子,它照出了学生的学习情况,也照出了教师在教学上的缺点,也提出了改进教学应该努力的方面。

通过这一次新的考试制度的尝试,大家深刻体会到它不单纯是教学形式的改变,同时也是促进教学内容改革的手段。可

---

① 吴葆荣.数学系举行习题公开观摩教学[J].南师校刊,1955(4).
② 南京师范学院 1952 年档案[A].南京:南京师范大学档案馆,B52003.

以看出,数学系的教学工作走在了学校的前列。①

全系老师在社会主义改造和建设中精神饱满、干劲十足,要努力完成首届四年本科毕业生的培养任务,力争把数学系办出特色。

1955年,第三届专科生毕业,这届学生在校学习的课程已接近大学本科的要求,毕业生质量比前两届更好,在社会上广受欢迎。此届学生中,邹庭桂、施中柱等留校任教;黄述同、张木兰等一大批同学分配到了中学,为基础教育事业做出了突出的贡献。其中,张木兰是北京市中学优秀数学教师,长期担任学校数学教研组组长,1962年张木兰与著名数学家陆启铿结婚。她教的学生中有多位曾在北京市中学生数学竞赛中获奖。

◎ 图6-13 1955届数学专科班合影

① 数学分析教育小组.数学分析课程试行考试与考查的情况和经验[J].南师校刊.1955(2).

初现雏形的数学系,使高扬芝有了一点安慰。她想,自己没有辜负领导对自己的期望。

数学系建立之初的 1954 年 6 月,高扬芝在《南师校刊》上这样介绍新建立的数学系。

> 我们师范学院数学系的任务是培养中等学校教学师资。它的毕业生必须是数学科学的门内人。为了培养全面发展的数学教师,所以数学系的教学计划包含四个部分。这四个部分是密切关联的,组成一个有机体。第一是政治理论科目,第二是教育科目,第三是专业科目,第四是教育实习。这四个部分在教学计划中各占有合理的比重,使得培养目标能够实现。

高扬芝在明确了对数学系学生的四个要求后,谈到了数学系的专业课程设置。

> 数学发展到近代,有许多初等的问题必须藉助高等数学的知识始能透彻地解决。因此一个中学数学教师应该通晓高等数学主干部门的理论体系,这样才能居高临下地了解中学教材。通过高等数学的学习,亦可使学生掌握数学的基本方法,例如把复杂的问题简化,把具体的问题一般化,再应用一般化的理论到具体问题上。所以在高等数学课程方面有数学分析、复变数函数论、高等代数、数论、近世几何、几何基础等课程的设置。为了使学生知道数学的实际意义,又有制图学、物理学、理论力学等课程的设置。又因为未来的中学教师对中学教材必须熟悉的通晓,对于理

论系统必须有完整的知识,对于运算技术必须能灵活的掌握,所以设置了初等数学复习及研究的课程,内容包括平面几何、立体几何、代数、数的概念、初等函数,这五种初等数学课程贯串在四年学习中。除上述专业课外配合了政治、教育、教育实习等课程,就可培养符合国家过渡时期总路线任务的要求的全面发展的人民教师。

由此可见,高扬芝对数学系建设的思考已经很成熟。

◎ 图 6-14 《南师校刊》上的数学系介绍

四、招收本科生

在1952年南京师范学院数学科建立之初,高扬芝就把四年后能培养四年制本科生作为自己的目标。当年,同时招收的一、二、三年制专科班,就是有计划地逐年提升对学生的培养标准,在课程设置和要求上是逐步加深的。这都是为之后能顺利地过渡到四年本科而科学设置的。为了精心培养好首届本科生,高扬芝主任有计划地把一大批教师派出去进修,为数学系将来培养本科生做关键性准备。

数学系应该是什么样的建制?四年制的本科生如何培养?对此,高扬芝自己最初也不是十分有底,但是她有领导的支持,有前期工作的经验,有数学系全体教职员工的帮助,她心里越来越有底气,她自己的创造力也被唤起了。

高扬芝曾在介绍数学系四年制本科的文章中谈及数学系将培养数学教育人才作为目标:

> 大家都知道数学是各种科学及建设工程的基础。我们要掌握近代科学技术,就必须掌握数学知识。用数学知识武装下一代青年是长期而艰巨的工作。要培养一个掌握近代科学技术的建设人才,从小学、中学到大学,一天不能离

开数学的锻炼。如果一个青年在中学时期未得到优良数学教师有力的指导，必然增加学习高等科学技术的困难，甚致(至)会被阻在科学大门之外。所以中学数学教师直接负有武装下一代青年科学头脑的任务，间接负有推进社会主义经济建设的责任。学校数学课程除上述专业知识的教养外，并可培养学生具有坚强意志，机敏判断，辩证思维。这些品质都是共产主义道德所必需的因素。所以数学课的教育目的也是很可贵的。因此师范学院数学系的任务(工作)，在祖国社会主义经济建设上也占有极重要的地位。我们要胜利完成祖国交给我们的光荣而艰巨的任务，必须加强业务及政治理论学习，否则很难符合祖国的要求。①

高扬芝高屋建瓴、深入浅出的文字表现出她对高等数学教育的深刻认识。

南京师范学院数学系1954年开始招四年制本科生，到1955年，又扩大招生规模，数学系两年共招收了95名本科生。

为了搞好教学科研，高扬芝前瞻性地建立了数学系资料室。后来资料室的规模不断扩大，成了教师们讨论研究问题、备课学习和交流的重要场所。自此常常能看到青年老师们认真备课、读书的身影。

高扬芝将全副身心都投入到教师和学生的培养上，严格要求青年教师。除了将教师派去进修，还在平时加强对青年教师

---

① 高扬芝.本院各系科简要介绍之数学系[J].南师校刊，1954(6).

的指导。周伯凤还记得当年高扬芝先生对自己严格要求的事。

周伯凤老师说:"当时我们留下后,为了将来我们能教四年制的本科生,高先生对我们要求很高,亲自给我开书单,让我们加强自我研修,提高教学水平。她还不时地来检查和督促我们。"

她至今还保存着当年的听课笔记,其中记载了她当年听课的内容。有一次周末,周伯凤和朋友去看一部正在热映的电影《李双双》。高扬芝老师去宿舍找她安排工作没有见到她。之后就语重心长地和她谈话说:"你们虽然留校当了老师,但是你们是专科生,底子还是很薄,系里将来要你们教四年制的本科生,现在大好的时光白白地浪费,将来你们还能胜任吗?"听了高先生的话,她感到很惭愧,之后加强了学习,很快适应了教学工作的要求。周伯凤老师说:"高先生的话鼓励了我一辈子。"

在高扬芝和同事们的不懈努力下,到1955年南京师范学院数学系已经初具规模,在全国师范院校中已渐有影响。四年制本科生的教学顺利过渡,可以预计到1956年就会有一批达到标准的本科生走上基础教育的工作岗位。不料,正当数学系的事业渐入正轨之时,批判胡风的运动全面展开。教师们除了参加学习外,还要联系实际深挖思想,洗净脑子,肃清流毒。学校规定,每一个职员都不能置身事外,高扬芝更是首当其冲。

运动开始时,她对自己的缺点错误认真剖析,诚恳地承认自己参加运动的热情仍是很不够的,要改正错误,为建设社会主义服务。1955年8月12日,她在学习个人书面总结中,写下了自己的政治历史、家庭出身以及在本次学习中的体会,重点检查了自己的缺点。

自己忽视政治,平日对政治不感兴趣,关心时事政策不够,政治嗅觉不灵敏,对一切反革命行为警惕性不高。

因怕事而不坚持原则,无勇气与坏人坏事作坚决斗争,姑息容忍,使系内正气不张。

从这份材料可以看出高扬芝的性格特点。她对工作的态度是勤恳负责的,但在协调人际关系方面略显生疏,同时对政治运动显得无可奈何。从今天的角度来看,所谓的"问题解剖"反而可以说明高扬芝这个纯粹的知识分子的优良品质。

当然,政治运动也对正常的教学活动有所影响,毕竟占用了大量的教学时间。

1955年领导突然通知:下年不要招生,要停办南师数学系。这令高扬芝和同事们再一次手足无措。

原来,这与教育部的苏联顾问、哲学教授费拉托夫在中国对师范院校的考察有关。

◎ 图6-15 费拉托夫与福建师范学院学生在一起

1954年11月25—30日,教育部副部长柳湜陪同费拉托夫教授来宁考察,了解南师领导工作及教学工作情况。在考察中,他对学院各系科领导、教研室工作以及教学、科研、教学法等问题作了详细了解,并提出了指导意见和建议。① 高扬芝参加了一

---

① 柯小卫.陈鹤琴传[M].南京:江苏教育出版社,2008.

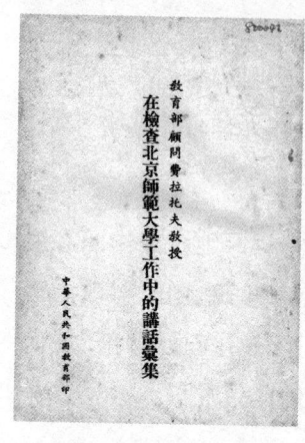

◎ 图 6-16 《教育部顾问费拉托夫教授在检查北京师范大学工作中的讲话汇集》书影

系列的会议,听了 27 日费拉托夫的演讲以及 29 日柳湜副部长的讲话。从当年的会议记录稿中看到,演讲和讲话只涉及学校的具体教学、科研工作的指导,并没有提到校际间系科调整的问题。而之后苏联专家在北京师范大学的讲话中却说了一些有关系科调整内容。当年教育部印发的《教育部顾问费拉托夫教授在检查北京师范大学工作中的讲话汇集》一书中提及:

苏联最大的高等师范学校,本科学生(不算函授生)最多不超过六七千人。综合大学如莫斯科大学,是苏联的最高学府,学生有一万二千人,我们考虑北京师大的发展规模,当然不能机械地要求它向莫斯科大学看齐。(原议北京师大要发展到一万人,专家是针对这一点提的——记录者注)无论就校舍说,或就其他方面说,都不能要求像莫斯科大学那样。因为不仅性质不同,而且莫斯科大学具有国际意义。刚才李司长的意见是北京师大发展的规模,将达到本科学生七千,研究生一千,将来函授学生不超过四千。根据上面所谈的理由我基本上同意这样的意见。

中国高师设置的系、科都很多,一般都是十个或十一个,多者甚至到十二个系。我认为系科设得太多,不易管理。苏联最大规模的高师,也不过六个或七八个系。就以莫斯科大学来说也不过十一个系。根据这一点考虑,北京师大设置的系最大限度不应超过十个系(不包括几个专业合设的系,如数理系下有数、理两个专业是可以的)。根据什么原则发展系呢?第一个原则是需要,即中学和高师师资的需要。第二个原则是可能,就是要看我们北京师大人力、物力的条件。根据苏联的经验,依据中学教学计划来计算师资的需要,重点应是发展数、理和中国语文系。

1955年5月23日,在江苏省高等师范学校系科调整工作委员会领导下,南京师范学院设立了系科调整工作分会,分会由15人组成,主任为陈鹤琴,副主任为纵瀚民、高觉敷。根据苏联专家建议,要遵循集中力量办好几个重点系科的原则,1955年7月,教育部指示南京师范学院和江苏师范学院相同系科进行调整。南京师院的数学、物理两系科调整到江苏师院,江苏师院的中文、生物系科调整到南京师院。①

1954—1955年间的系科调整,使雏形初现、走向成熟的南京师范学院数学系突遭毁灭。遵照上级指示,南京师范学院数学系在还没有一届四年本科毕业生的情况下,除留下了3名教师分别编入化学、美术等系科担任中学数学课程教学工作,整体迁往位于苏州的江苏师范学院。南京师范学院数学学科建设停止下来。

苏联专家的初衷应该是善意的,他对中国的师范教育提出

---

① 南京师范大学校史编写组. 南京师范大学大事记(1902—1990)[M]. 南京:南京大学出版社,1992.

的建议也是中肯的。然而这次调整却给刚刚建立的南京师范学院数学系带来了严重的创伤和损失。如果当年是以较为柔性的引导调整,也许效果会更好。

  不久,高扬芝听从领导安排,与全系师生整体调往了江苏师范学院。

柒

奉调苏州（一九五五—一九五八）

1955年8月,南京师范学院数学系并入江苏师范学院,高扬芝也随之调入江苏师范学院数学系,担任数学系副主任。

——宋喆《高扬芝——诲人不倦的女数学教育家》

一、三级教授

1955年8月,高扬芝和南京师范学院数学系的同事们一起调往坐落于古城苏州的江苏师范学院。

早在1952年全国高校院系调整时,江苏师范学院在苏州成立,在原东吴大学校址办学。江苏师范学院和南京师范学院都是江苏基础教育的重点学校。①

1955年8月,江苏师范学院迎来了高扬芝与原南师数学系师生。南京调来的老师由数学系统一安排工作,学生也安排编入江苏师范学院数学系学生管理之中。为此,高扬芝做了大量的协调工作,南京调来的师生很快便融入江苏师院数学系大集体中。

◎ 图7-1 在江苏师范学院工作时的高扬芝教授

---

① 《中国高等学校简介》编审委员会. 中国高等学校简介[M]. 北京:教育科学出版社,1982.

◎ 图7-2 原东吴大学校门

高扬芝主要负责函授工作,平时上多门函授类的课程。刘云章、赵霖就是从南京调到苏州,后来在江苏师范学院毕业的学生。他们曾经听当时江苏师范学院的老师讲过,高扬芝当年一直默默工作,认认真真地教书。

◎ 图7-3 沈青来主任

当时江苏师范学院数学系的主任是沈青来教授,他对高扬芝的到来非常欢迎。到苏州后,高扬芝担任了江苏师范学院数学系的副主任。对于系里的大小事务,她总是虚心听从沈青来主任的安排。

刘云章老师回忆起当年高扬芝老师给他们上复变函数等课程的情景:

提起高老师的课,就想起一个教学问题——什么是"满堂灌"?书场里的说书先生靠一把扇子、一块惊堂木,一个人讲就"满堂灌",大家花钱入场,伸长脖子听。可见区分教学上是不是"满堂灌",主要看讲什么内容、怎么讲的。高老师讲复变函数,几乎每节课都是在讲,但字字句句都在激发兴趣、启发思维,引导我们理解概念,使得数学思想在我们自己头脑中形成、发展。

高老师的课含金量很高。讲课围绕主题,但不局限于课本,引用多个参考文献,激发起大家的好奇心、求知欲。正是听了高老师的复变函数课,我对"函数论"专业方向产生了浓厚兴趣。

高老师的课,课堂结构严谨,50分钟内没有一句废话。内容充实,由浅入深,听她的课总是不知不觉就下课了。高老师板书整洁,字迹工整,清晰美观,书写流畅。两节课下来,总是在用满两块黑板后,准准地下课铃响,真妙!

高老师的课堂语言特别优美。讲课和平时说话总是一口标准普通话,平稳和气,舒缓有序,条理清晰。在二十世纪五十年代,对于我们江苏人来说,这是一种享受。她影响着我从纯粹靖江土语,努力练习,变成了现在的准普通话。

听高老师的课是数学美、艺术美与语言美的享受。听这样的"满堂灌"真是解渴!

高扬芝是个容易知足的人,苏州的工作和生活并未给她带来不便。但从档案资料可知,高扬芝在1955年后身体状况大不如前,患有高血压,还有心脏左心室扩大,心冠动脉硬化等病症。

高扬芝的父亲早已去世,母亲毛氏当时已经72岁,与哥嫂及侄子住在北京。她非常孝敬自己的母亲,每月120元的工资,要寄给母亲60元。她拖着有病的身体,一个人在苏州生活,唯一能安慰她的是她喂养的一只大白猫。

◎ 图 7-4 作者与秦艺辉在原江苏师范学院校园中

1956年3月,江苏省教育厅为了有计划地提高在职中等学校教师的政治水平和专业知识水平,通知从这学期起,开办数学、物理两个专业的函授专修班,鼓励未达师范专科学校要求的中等学校在职教师参加学习,学习时间为3年。①

高扬芝作为系副主任负责数学函授专修班的工作。当时江苏师范学院的函授工作刚起步,主要的任务是对在职教师进行培训,高扬芝为此做了基础性的创建工作。

---

① 王卓君,朱秀林.苏州大学大事记(1900—2012)[M].苏州:苏州大学出版社,2015.

1956年1月,周恩来在《关于知识分子问题的报告》中发出了"向科学进军"的号召。1956年10月,学院召开全体教职员大会,由张焕庭副教务长传达华东高师院校会议精神,旨在加强教学改革。数学系与全校一起,响应政府号召,开始有计划、有组织、大规模地开展科学研究。高扬芝与广大知识分子一样心情舒畅,决心改进自己的教学方法。结合负责的函授工作,她为中学老师和数学爱好者编写了《极限浅说》《行列式浅说》两本书,这两本书皆在加强数学普及工作。

1957年9月,江苏师范学院的1957—1958教学与科研计划提出:(1)大力开展社会主义思想教育运动,进行教育思想上的社会主义革命;(2)进一步贯彻"学习苏联、结合中国实际和面向中学"的教改方针;(3)加强体育教育,继续推行劳卫制。教学方面把政治课改为社会主义思想教育课,本学年不举行教育实习和毕业考试。科学研究方面着重结合教学和面向中学的方向进行。此间,根据教育部指示

◎ 图7-5 当年的教材《解析几何》书影

和学院工作计划,为适应高等师范教育发展的需要,数学系开办了数学分析高师教师进修班,高扬芝负责相关课程的教学任务,得到了很好的反响。

高扬芝在搞好数学系函授工作的同时,认真完成教学任务,

努力发现和提携人才。当年她帮助高国士①的故事就一直被传为佳话。

高国士老师1919年4月24日出生于江苏省昆山县(现为昆山市)正仪镇。仅有高中学历的他,全靠自学(因抗战和生病错过上大学机会)成才。后辗转到上海铁路管理局所属江西玉山铁路中学、南昌铁路中学任教,先教语文,后转教数学。后来他去南昌大学数学系听数学分析、高等代数、高等几何等课,系主任彭先荫教授②对他甚是器重,想调他进南昌大学未果。高国士只好调回苏州铁中。去苏州前彭先荫安慰他说:"此去苏州,江苏师院新建,可与联系,好自为之。"1953年9月,高国士任苏州铁中数学教研组组长,甚受学生欢迎。他每周上18节课,高一、高二、高三各6节,每晚辅导学生到9时,才回家读自己的书,直至到12时以后。精力过人的高国士一有空就去江苏师院听课。江苏师范学院数学系主任沈青来教授在与高国士多次交谈中,对他的学术水平、教学经验有所了解。1956年9月,经

---

① 高国士,苏州大学基础数学教授,国内较早研究一般拓扑学的学者,江苏昆山人。长期从事一般拓扑学的教学与科研工作。早年就读于苏州省立苏州中学。高中毕业后因病未参加高考。1946年去上海私立申联中学教国文、历史。1953年调往苏州铁中任数学教研组长。1956年,调入江苏师院数学系。1960年以来,他出版了著作3部,译著1部,在国内外数学期刊上发表论文20余篇。

② 彭先荫,教授,扬州人,1929年毕业于中央大学数学系。曾任武汉大学教员、广西大学讲师、副教授、蓝田师范学院教授、美国伯克利加利福尼亚大学研究院研究员、山东大学教授。新中国成立后,历任南昌大学、江西师范学院、江西师范大学教授、数学系主任、中国数学会江苏省分会第一届理事长、江西省科协第二届副主席,民盟成员。

沈青来提名,高国士从苏州铁中调至江苏师院数学系,协助做函授工作。

高扬芝负责函授工作,有在大学中教学的经验,高国士则熟知中学老师的情况,两人在工作中配合默契,关系十分融洽。

高国士调任数学系之后,主要为本科生讲授数学分析、复变函数论、实变函数论、泛函分析等课程,他教的课在学校非常有名,常常是座无虚席,出色的教学工作赢得了领导的肯定。

高国士对数学分析和实变函数论的研究很感兴趣,工作之余经常就函数论的问题向高扬芝请教。同时,他也向系里的其他老师虚心求教,努力提升自己,慢慢走上了数学研究之路。高国士工作十分勤奋,常常是早上5点起床,学外语,一天上课、听课和工作,还坚持天天研究数学到深夜。高扬芝教授不仅在工作和研究上给予高国士指点,在生活上也给他很大的帮助。高国士家里孩子多,高扬芝就常常接济他。高扬芝每月都要寄钱给北京的母亲,仅留给自己60元,除了购书的费用,剩余的钱已不多。但即使这样,当高扬芝知道高国士家里孩子众多,全家12人只靠他一人工资维持生活时,常常主动地帮助高国士一家。高国士视高扬芝为自己学术上的领路人,生活中的挚友,他们的友谊一直延续到70年代末。① 高国士后来通过努力成为了国内知名的拓扑学专家。

---

① 程民德.中国现代数学家传:第三卷[M].南京:江苏教育出版社,1995.

不仅如此,当评定教授级别时,高扬芝还主动降级别。高扬芝在江苏师范学院,听从组织领导,严于律己,宽以待人,工作认真,广受好评。1956年春,全国开展知识分子评级工作,江苏师范学院学术委员会给数学系两个二级教授的指标。

早在30年代,高扬芝就已是具有一定影响的女数学教育家,培养了一批又一批数学人才;她参加过新中国成立前的第一届中国数学会,并被选为评议,为数学在中国的传播、发展做出了贡献;新中国成立后,她参加了第一届新中国数学会代表大会,是全国较为知名的数学教育家;30年来,她一直在高校从事数学教育工作,是颇有名望的数学教授。以高扬芝在数学教育界的资历和影响,评二级教授应不成问题。

然而,高扬芝却主动放弃了二级教授的名额,向院领导申请评三级教授。刘云章教授曾向本书作者回忆起高扬芝老师评三级教授的故事:

作者:刘老师,在江苏师范学院,关于高扬芝老师你有印象最深的事吗?

刘云章教授:我在江苏师院是学生,后来听高先生说过评教授等级的事。高先生1934年在暨南大学就当了数学教授,是1935年中国数学会21位评议之一,一直从事高校的数学教育工作。凭着她的资历,她完全可以被评为二级教授。但是为了更好地开展工作,她主动放弃了二级教授的评审,改评三级教授,这是很难能可贵的。

作者:这是出自她自己的意愿吗?

刘云章教授:是的。她自己就曾说过,"功名利禄是身外事,多年以后,时过境迁,有谁会知道二级、三级事,谁还会对这些东西感兴趣呢?"

高扬芝毫不犹豫地向学院递交了评定三级教授的报告,并不断向前来做工作的领导和同事们表达自己的这一想法。最后,领导表示尊重她的意见。

高扬芝个人档案中的一份1964年3月的"干部工资级别登记表"上,记录了她在1956年4月被评为三级教授的情况,工资是231元。

> 干部工资级别登记表
>
> 高扬芝,数学系教授,系主任
> 填表时间:1964年3月20日
> 批准升级或降级时间:1956年4月
> 江苏师范学院数学系教授兼副系主任
> 高等学校教学级,3级,231元

高扬芝在个人待遇上的高风亮节在当时江苏的两所师范学院中一直为人称道。

当作者在苏州大学采访高扬芝的学生兼同事秦艺辉先生时,秦先生竖起大拇指,不住地说:"高老师的行为很了不起!"

二、加入党组织

20世纪50年代,出身旧社会的老一代知识分子多被称为"先生",而这其中大多是党外人士。一方面是出于尊重的需要,另一方面也是为了有别于新社会培养的新知识分子。高扬芝是党外人士,当然也属于"先生"一类。

早在1955年初,南京师范学院纵翰民副院长了解到高扬芝在新中国成立前,鲜少过问政治,新中国成立后工作踏实,为人正派,就积极鼓励她加入中国共产党。高扬芝当时十分惊讶,很是费解。她以为,共产党一般是不吸收老知识分子入党的,认为老知识分子在旧社会待的时间太长久,思想已经定型。她不知纵翰民副院长的话是何意。

这一时期,高扬芝参加了学院里的各种政治学习活动,系统学习了社会发展史、实践论、辩证唯物论,在思想觉悟上有了进一步的提升。通过学习,她对社会发展的科学规律有了更深的认识,认识到数学的发展完全符合辩证唯物论的规律,批判了自己身上的唯心思想,自己的思想和政治素质也有了提高,高扬芝对党组织也有了初步认识。

一次,在纵副院长负责的教学工作会议后,高扬芝找到纵副院长,就自己对党的认识和疑惑向他请教,问自己是旧知识分子,能否入党。面对高扬芝的顾虑,纵翰民副院长说:"你的这种看法不是辩证的,老知识分子只要决心改造自己,还是可以入党的。入党能得到党更多的教育与关怀,可以更好地为人民服务。"听了他的话高扬芝内心很激动,但由于 1955 年她调至江苏师范学院,此事耽搁了下来。

1955 年 8 月,高扬芝被调到江苏师范学院后,学院代理党委书记秦和鸣同志①又多次鼓励她入党,高扬芝认真考虑起入党这件事来,但并没有马上向组织写申请。

1956 年 4 月,江苏省委文教部、江苏省教育厅分别召开大会。两个会议的目的就是贯彻中共中央关于知识分子问题的会议精神,更好地团结知识分子向科学进军。江苏师范学院党委再一次将发展高扬芝入党当作贯彻精神的重点任务,努力去做她的思想工作。

学院党委杨巩副书记②是 1939 入党的知识分子老党员,有很高的政治觉悟,对知识分子关爱有加,始终关心高扬芝入党问题。他对高扬芝说:要站在高教事业的角度考虑自己的入党申请。希望她在数学系的教学和管理工作中发挥更大的作用。

---

① 秦和鸣(1924—2016),江苏省武进区人。1939 年参加革命工作,1939 年 10 月加入中国共产党,曾任江苏师范学院党委委员、代理书记,苏州丝绸工学院党委常委、副院长等职。

② 杨巩(1919—2008),江苏盱眙人。1938 年参加革命工作,1939 年加入中国共产党,1954 年至 1958 年任江苏师范学院院长,1954 年至 1957 年任江苏师范学院党委书记。

听了杨书记的话高扬芝慎重地思考入党的问题,不断地向自己提出这样一个问题:"我为什么要入党?"思考之后,她还是觉得自己思想跟不上,不配入党。党组织安排她当年的学生,数学系支部书记秦艺辉去做她的思想工作。他找高老师谈心说:"一个高级知识分子不能只做学问,也要关心政治,这样才能更好地搞好数学系的工作,为国家的社会主义建设服务。"高扬芝再一次就入党问题陷入了沉思。

1956年在贯彻"双百"方针的大背景和向科学进军的号召下,知识分子以极大的政治热情投入到学习科学知识、开展科学研究的热潮中。高扬芝此时鼓起了加入党组织的信心。

高扬芝认真回顾自己走过的路:1919年,在五四运动爆发时她还是一名高小学生,当时"爱国、进步、民主、科学"精神已植入她内心深处,成为她的早期文化基因。之后她一心求学,寻求女性的自我解放,自立于社会。考入北京大学的她以学习数学和将来在中国传播科学知识为自己的志向。当时,北京大学就有许多政治组织,但她认为自己是平民子弟,过问不了政治活动,没有参加实际上的政治活动。后来她长期在大学里教书,也从未参加过任何政治组织。但是,她对腐败的社会深恶痛绝,有强烈的正义感和民族自尊心,为了追求民主,她曾支持过学生运动,这些都是她入党思想的基础。

高扬芝认为自己长期生活在旧社会,对党的认识有限,需要不断加强政治学习。长期以来,她不想入党,是因为她认为只要一心埋头工作,努力教好学生就行了,而且她还认为作为党外人士同样也可以接受改造,同样可以在党的领导下工作。但自从

1956年,中共中央提出"知识分子是工人阶级的一部分"后,她的思想逐渐发生了转变。她认识到入党可以更多地接受党的教育,更好地为人民服务。她反思自己,从前为了个人不受约束而不入党的思想是不对的。政治与事业二者之间并不矛盾,入党可以促使自己在数学教育事业上做出更大的贡献。

经过慎重考虑,高扬芝认为自己的追求是正确的。1956年2月,她郑重地向党组织递交了入党申请书。

入党申请书

在解放(新中国成立)前,我未读过社会发展史,不认识历史唯物论,错误地以为社会发展就是历代统治者的更换。只有英雄人物才能创造历史,看不见广大劳动人民在历史上(的)作用。我认为自己是一个平凡的人,在历史上不会起什么作用,所以对政治不感兴趣,不喜参加任何政治活动,仅就个人的兴趣,学习一门专叶(业)知识(数学),籍(藉)以谋行一技之长,可以立足于社会。我曾读过波兰女科学家居里夫人的传记,她发明了镭为人类谋幸福,并且大公无私地放弃了镭的发明专利权。她崇高伟大的人格,使我很受感动,我认为她的思想行为是我学习的榜样,我幻想作(做)一个超政治的好人。

解放(新中国成立)后学习社会发展史,(我)才认识了社会发展的动力是社会的生产力不断增长,而落后的社会生产关系束缚了日益增长的生产力,因而促进社会变革。我们的社会就是依据这个规律由原始公社社会变到奴隶社会、封建社会、资本主义社会、社会主义社会、共产主义社会。社会每一次的变革,必然突破原有的社会生产关系,建立新的社会生产关系,促进生产力,提高人民的物质文化生活。只有社会主义及共产主义社会才消灭了剥削制度。

我又认识了人类的知识只有两种,一种是阶级斗争知识,另一种是生产斗争知识,而且每一个人都要属于某一个阶级,世界上没有超阶级的人。二十世纪六十年代是资产阶级与无产阶级作尖锐斗争的时期。在阶级斗争中我们若不站在无产阶级立场就要站在资产阶级立场,中间路线是没有的。超阶级是自欺欺人的,我既然认识了这个道理,我愿坚决站在无产阶级立场与资产阶级作不妥协的斗争。

中国共产党是中国工人阶级的先锋队,以马克思列宁主义的理论结合中国革命实际的毛泽东思想为指导思想,正确地领导全国人民进行社会主义、共产主义革命。建立民主自由富强的新中国,使全国工人阶级得到彻底解放。我确信我个人的力量虽然微小,若能与中国社会主义革命伟大的历史任务相结合,必然可以起应有的作用。所以我不再轻视我个人微小的力量,决心请求加入中国共产党。希望在党的教育下提高政治认识及叶(业)务水平,使我能在阶级斗争中,生产斗争中尽一份(分)力量。

申请人:高扬芝
1956年2月25日

从这份申请书可以看出高扬芝是真诚认真的,思想发生了极大的变化。高扬芝的个人历史清楚,社会关系简单,作风亦正派,对工作认真负责,并且能关心群众,虚心接受群众的意见,从不骄傲自满;同时她还待人诚恳,青年教师对她衷心爱戴。平时她对政治理论学习也很重视,并且能联系自己的思想和工作。基层组织认为高扬芝已达到了加入中国共产党的条件,同意吸收她为中共预备党员。

由于政治运动的影响,到 1958 年 7 月 29 日,党组织批准高扬芝为中国共产党正式党员。

8 月,她向党组织提交了一份详细的《自传》,讲述了自己前半生的经历——自我奋斗的过往和从事数学教学的心得以及心路历程。这份《自传》已成为今天全面了解高扬芝从一个平民家庭的女孩成长为一名数学教育家经历的第一手材料。

> 我的父亲是清朝的末科秀才,懂得一些中国文学,在 1915 年任旧政府的教育部办事员,每月薪金 40 元。我家有父母、兄和我共计四人勤俭度日,亲友很少。所以生活圈子很小。我未曾到过农村,不认识地主与贫农的剥削关系,我未曾到过工厂,不认识资本家与工人的剥削关系。我仅认为每一个人都应有一技之长,俾能立足于社会,我的父母亦是用这些话来教育我,我在学校学习主要目的就是学些本领,以便(将)来独立谋生,作(做)一个自食其力的人。
>
> ……
>
> 我的家庭经济状况:
>
> 幼年时依靠父亲薪金生活,经常入不敷出。读大学时,半工半读,每晚担任家庭教师。大学毕业后收入渐多,每月有盈余。抗战前在北京为父母亲购置住房一所,目前工资收入除负担自己的生活费及图书费外,每月可有数十元盈

余,此款留作疾病丧葬之用,有时借给清寒的亲友。

……

一九五八年八月八日填

就这样高扬芝教授成为一名中国共产党党员。

三、天赐庄浅说

东吴大学是 19 世纪末 20 世纪初美国基督教教徒在中国开设的早期教会大学之一,坐落于苏州城东南角的天赐庄。

◎ 图 7 - 6 　江苏师范学院数学系所在地孙楼

校园中的主要建筑为欧洲古典、仿中世纪城堡和美国教堂等式样,总体格局和景观构造秉承西方井然有序的法则,在结构上注重细节,格律严谨,并注意体现教会学校建筑的肃穆氛围。整个校园端庄优雅。1952年在这里成立了江苏师范学院。图书馆"孙堂",是为纪念首任美籍校长孙乐文而建。它以哥特复兴式风格的砖瓦为材料,外窗富有变化,门厅为哥特式尖券造型,同时缀有精美的浪漫主义色彩的石雕花饰。① 1955年高扬芝带领南京师范学院数学系师生来到这里,就整合在这座建筑的数学系工作。

在这期间高扬芝就住在不远处校门东侧的小楼中。高扬芝十分喜爱天赐庄这方静谧的校园,总喜欢饭后在校园里散步,每每遇到同事和学生总是亲切地点头问好,在天赐庄她度过了一段天赐的美好时光。

现苏州大学退休老师卫瑞霞在江苏师院上学时,曾是高扬芝复变函数这门课的课代表,与高老师多有交往。由于经常去高老师的住处

◎ 图7-7 作者与秦艺辉老师在高扬芝住所前合影

送同学的作业,她对高老师家里那一只雪白的猫还有印象。

---

① 庄裕光.中国国宝建筑近代杰作[M].南京:江苏科学技术出版社,2014.

第一次去高扬芝家送作业时,高老师正与卫瑞霞谈话,只见这只猫突然跳到高老师身上,吓了卫瑞霞一跳。高老师笑着将猫抱在怀里,对卫瑞霞说:"不要怕,它可乖了。"可以看出高老师与这只大白猫十分亲切。去的次数多了,卫瑞霞与大白猫自然熟了起来。每次送作业到高老师家,大白猫都会到门口迎接她,友好地叫一下。

大白猫是高扬芝家里的重要"成员"。大白猫全身覆有浓密的雪白绒毛,就像一团雪,干净漂亮,一黄一蓝的眼珠澄澈透亮,善解人意,难怪高扬芝老师喜欢它。从南京到苏州,高扬芝老师一直单身,调来苏州后,离开了熟悉的朋友,高扬芝生活上不免感到孤寂,自从家里有了这只大白猫,高老师生活有了新变化。在家里,大白猫总是与高老师形影不离,家里多了很多欢声笑语。每天早晨五点,大白猫总会第一个起床,它慵懒地伸个懒腰,走到高扬芝的门前"喵呜"一叫。

数学普及读物《极限浅说》就是在大白猫的陪伴下完成的。

1956年,《极限浅说》由江苏人民出版社出版,当时江苏中学数学老师人手一册,是普教系统要求的必读书。在书的前言中,高扬芝首先引用了《庄子》中的故事,以通俗易懂的语言和事例,深入浅出地引入数学中极限的概念。她指出,在实际问题中已有极限概念的萌芽,但尚没有明确的

◎ 图7-8 《极限浅说》书影

叙述,更没有形成严密的、具体的科学理论。她说:

> 极限的理论是微积分的理论基础,而微积分是研究近代科学技术不可少的工具。在中学平面几何课程里及高中代数课程里都是很重视极限的概念,数学分析教本一般都把极限放在首要的地位,这就显示了极限的理论在数学上的重要性。因此爱好科学技术的青年都希望掌握这种知识。目前有些数学书籍对极限论讲解还不够详细,有些书籍又讲解得过于艰深,使初学的青年不容易理解极限的精神实质,以至觉得微积分学高深莫测,因而他们对这把科学的钥匙——数学,觉得很难掌握。

接着,又从牛顿讲起了微积分的发现:

> 英国物理学家牛顿在公元 1687 年发现微分学。他对极限的概念还很模糊。他意识着某些无穷小量退缩为在零后面的第一个数(这是不对的,因为实数是不可排列的,详见本书第六章),当时很多学者认为牛顿的微分学是两个微小量的比值,而这两个微小量最后退缩为概念模糊的小数,这是暗晦不可知的。在这时,微分学的理论遭到严厉的批评,甚至是嘲笑和讥讽;然而微分的方法是经得起实际的考验的,因为用它解决力学的问题是无往而不利的。十九世纪初,数学家哥西等人建立了严格的极限理论,他们指出牛顿微分学中的两个微小量,特别着重地指出作分母的微小量不退缩为零。而是无限制地趋于零。这样就奠定了微分学的基础,明确了微分学的正确性……

该书前言的最后部分写道:

这本小册子叙述极限的理论,从刘徽的割圆术及无理数的表达很自然地介绍序列和它的极限。又由无意义代数式的研究,使初学者认识变数为什么要依序取某个序列的数值趋近某常数而不等于某常数(这些都是极限的精神实质)。由这些感性认识,不仅指明了我们为什么要研究极限的理论。并且寻求出研究极限的道路和方法。

通过一系列的实际问题,初学者对极限有了初步感性认识,然后引导他们认识实数的性质,序列的极限,变量的极限,函数的极限,最后介绍微商及定积分的概念。这样形成一种自然的顺序,使读者较易理解。真正的科学,是根据实际发展,透过现象,研究本质,作理论的总结,再通过理论更好地指导实际。极限论正是循着这程序发展。写这本小册子的目的,就是供给初学者一些极限的初步知识,以巩固中学平面几何课程及高中代数课程关于极限的知识,并帮助学习数学分析。但作者限于水平和能力,很难符合客观要求,其中不妥之处,希望读者多予指正。①

从《极限浅说》一书中读者能够领略到高扬芝老师的教学风格和理念。2016年,刘云章教授在回忆高扬芝先生写的《极限浅说》时说:

作者:为什么高老师想到要写这样一本书呢?

---

① 高扬芝.极限浅说[M].南京:江苏人民出版社,1956.

刘云章老师:这个问题问得好。这是她的高明之处,她早就考虑到,将来微积分知识是要"下放"到中学去的,而数学极限方法正是学习微积分的基本方法,所以有必要向中学老师进行普及,就写了这本《极限浅说》。

作者:这本书在当时出版后的影响如何?

刘云章老师:可以说社会效益极好!1956年2月,江苏人民出版社出版了高扬芝先生的《极限浅说》。出版后,在江苏数学教育界引起不小的轰动。当时,江苏省教育厅将它定为中学老师的必读参考书,要求中学教师人手一册。这本书一版再版。

作者曾就此书多次采访我院单墫教授①。他回忆说:"这是一本很适合中学数学爱好者读的书,深入浅出,说理透彻,我虽然没有见过高扬芝老师,但这本书引导着我走上了数学研究的道路。"单墫教授还曾向他的学生曹一鸣(北京师范大学数学科学学院教授、博士生导师)说:

◎ 图7-9 单墫教授

---

① 单墫(1943—),南京师范大学数学科学学院教授,博导,曾任数学系主任。数学传播、普及和数学竞赛专家。1964扬州师范学院数学系毕业,1983年在中国科学技术大学获博士学位(我国首批18名博士之一)。1991年获全国优秀教师称号,1991年7月起享受政府特殊津贴,1992年被评为国家有突出贡献的中青年专家。

上中学那会儿,我哥哥比我高两个年级,有时候我就看他的书。他读的是南京师范大学数学系,大学就学微积分了,我也拿他的书来看,就是看微积分,比较浅的也看了一些。那时候我还在上中学,可能看得最花功夫的一本书是高扬芝的《极限浅说》。说实话,那本《极限浅说》写得一点都不浅,书中什么都要证的,而且印刷错误非常多,真的看得头疼得很,但是不管怎么说总想要看下来,确实觉得我看书的能力还是有的,坚持下来以后,后来看书就不觉得吃力,就是说自学的能力还是有提高的,自己能看书了。①

单墫教授还对作者说:"我们当时在中学里有一个数学兴趣小组,就找来这本《极限浅说》来读。由于当时的印刷条件所限,其中的数学符号多有错误,我们就一一找出改正。这反倒培养了我们学习和研究数学的兴趣。"可见这本书当时的阅读群体之广泛。

高扬芝为人厚道,不喜自夸,处理事务认真仔细,对学生诚恳和蔼,诲人不倦,她与江苏师院数学系师生相处融洽。苏州的饮食与上海较为接近,她住在校内宿舍里,生活工作也十分方便。

一天,高扬芝收到一封来自河南省焦作市的信。是当年的同学孙丕显写来的。信中说他已调到焦作工学院从事数学教学工作,因对大学数学教学不是很熟悉,特向学姐求教一二,希望

---

① 曹一鸣,周明旭,张晓旭.学会学习　做感兴趣的事——单墫教授访谈录[J].湖南教育:下,2015(33).

介绍相关教材给他参考。高扬芝很高兴能与他取得联系,她将自己的讲稿和早年在大同大学电机系教微积分的资料,以及近年来新出版的苏联大学数学教科书悉数寄给了他。之后,他们常有书信来往。①

1957年,党内开展了整风运动,发动群众向党提意见。高扬芝是个谨言慎行的人,她刚到苏州,人生地不熟,对于各类政治运动很少发表意见,但她的内心却越来越惶恐不安起来。

◎ 图 7-10 高扬芝副主任、沈青来主任、李鸣皋书记(中排第四人自右至左)与江苏师范学院数学系第一届毕业生的合影

同在数学分析组的数学系主任沈青来等三人因直言而遭批判。高扬芝的内心是苦闷的,茫然不知所措,感情难以寄托,但

---

① 孙家骥.开封中学人物志之孙丕显先生传略[M]//常跃进.百年开高.北京:中国档案出版社,2002.

她又不能表露自己内心深处的真实想法。

天赐庄里,白天,高扬芝要去参加无休止的大小批判会,会后还要扛着一根长杆苍蝇拍,在校园里找苍蝇。到了夜晚独自一人在屋里时,她时常陷入空虚的沉思,难以入眠。

每到这时,大白猫就会友好地舔舔她的手背,流露出几分依赖。高扬芝苦笑一下,顺手在它头上挠痒,它顺从地向高老师摇着尾巴。高扬芝蹲下身来,一边细心替它倒食,一边喃喃:"慢点吃,喝点水,只有你才能理解我啊。"心情平复后,高扬芝教授回到书桌继续写她的《行列式浅说》书稿。

"天堂"里没有了宁静,天赐庄没有了笑声。

但是为了数学教育事业高扬芝还在坚持着。1958年5月,高扬芝撰写的第二本科学普及读物《行列式浅说》出版,这给高扬芝以些许欣慰。

这是一本适合高中文化程度的数学爱好者自学的读物,采用排列法讲述,先从排列与组合的基本理论讲起,而后系统地阐述行列式的定义、性质、展开法,以及行列式在初等代数中的应用。

◎ 图7-11 《行列式浅说》书影

与之前出版的《极限浅说》一样,《行列式浅说》深受广大教师和数学爱好者的青睐。从1958年5月到1961年9月,重印了五次,总印数达 42 500 册之多。在三年困难时期这一特殊年月里,几乎是天文数字。

高扬芝教授写的两本书有一个共同的特点,就是言简意赅,通俗易懂,深受读者欢迎。在《行列式浅说》第一章"排列与组合的简单介绍"中第一节"排列与组合的定义"的内容就是这样介绍给读者的:

排列:设 m,n 是正整数,且 m 大于等于 n。我们现在从 m 个不同的物体中每次取出 n 个,并依种种不同的次序排成一列,所有可能作成的不同的列数,叫做 m 个不同的物体取 n 个作排列。排列数用记号 A_m^n 表示。

组合:由 m 个不同的物体中,每次取 n 个,作为一组,各组之间至少有一个物体与别组不同,不考虑各组中所含物体的次序。这样,所有可能作成的不同组数,叫做 m 个不同的物体取 n 个作组合。组合数用记号 C_m^n 表示。

例如有五个人赛跑,有三种不同的奖品发给前三名,问有多少不同的发奖结果,所以是 5 个人中取 3 个人作排列。

又如有 5 个候选人,将有三人被选为委员,问有多少不同选举结果。在这问题里三名委员并无名次区别,故三人当选与次序无关,所以是 5 个人中取 3 个人作组合。

研究排列及组合时所说各个不同的物体,叫做元素。常用字母 $a,b,c,\cdots\cdots$ 或数字 $1,2,3,\cdots\cdots$ 表示。

书中呈现出高扬芝简洁明了、具有启发性和严谨性的教学风格,给数学爱好者打开了了解数学的一扇窗,对数学知识的普及起到了积极作用。

自从南师数学系迁往江苏师范学院后,留下来的化学系等系科的数学课教学已成问题,为了提高南京师范学院学生的数学水平,有必要再建南师数学系。1958年5月,中共八大二次会议上提出了"鼓足干劲、力争上游、多快好省地建设社会主义"的总路线,要求尽快改变我国经济文化事业落后的状况。在此背景下,重建南京师范学院数学系的任务也被提上了日程。

1958年8月,江苏教育部门决定重建南京师范学院数学系,调高扬芝回南师再任数学系主任。与此同时,南师化学系主任吴懋仪教授很负责地为将要重建的数学系代为招收了一届新生。由于此年实行师范院校提前招生政策,这届学生基础好,给南师数学系的发展奠定了基础。

组织上找到高扬芝教授谈话,希望她再次挑起重建南师数学系的重任。此时的高扬芝心中百感交集,能回到曾经工作过的南京师范学院,她自然高兴。南京是她在新中国成立后开启新生活和新事业的地方,南京的自然和人文环境兼具南方和北方的特点,她在那里工作更为安心。重要的是那里有她开创的数学教育事业,有曾经与她朝夕相处的同事和朋友,还有梦里无数次回到的美丽校园。可她再一次不安起来。高扬芝心里自然明白,要再一次进行"创业",将南京师范学院数学系建立起来,这可不是一纸调令就能解决的事。

高扬芝再次回到了阔别三年的南京。

捌

系科重建（一九五八—一九六〇）

1958年8月,南京师范学院恢复数学系,秋季开始招生。高扬芝和沈廷玉、蒋光平3位教师带着刚刚从江苏师范学院毕业的5位年轻教师,和南京师院原有的3位数学教师一起,开始了数学系艰难的重建工作。

——宋喆:《高扬芝——诲人不倦的数学教育家》

一、再生的系科

天堂苦梦短,故地是金陵。1958年,53岁的高扬芝已到了知天命之年,这一年,她再回南京师范学院,重建数学系。

为了数学教育事业,为了南京师范学院数学系的未来,她再一次服从组织安排。

重建南师数学系,一切都要从头再来,再次白手起家。能上课的教师只有3位,助教是刚从江苏师范学院数学系毕业的5位年轻人。参考书及教材一无所有,办公地点也未落实。而他们还要面对为1958年招收的122名本科生排出齐全的数学课程这一任务,困难可想而知。

在高扬芝的带领下,十几个人开始了再次建设南京师范学院数学系的征程。人员名单如下。教授:高扬芝;教员:沈廷玉;讲师:吴葆荣、蒋光平;助教:蒋孟平、赵霖、杨儒生、刘云章、吴文炯、施中柱、邹庭桂,他们都是南师数学系再生的亲历者和见证人。

◎ 图8-1 高扬芝先生

从那段难忘的建设岁月中走过来的老同志,至今还记得当年工作的场景。重建系的初期为完成教学任务的,所有青年教师一定要担负起教学工作,有的甚至担任了主讲,工作鞭策着他们边学边教,十分艰苦。

◎ 图 8-2 高扬芝与大家一起备课

在边干边学中,助教们的体会是,辅导一遍比旁听一遍印象深刻,教一遍又比辅导一遍印象深刻。开始教学效果不太好,但教过一两遍以后,教学相长,理论与经验都有提高,效果逐步好起来。

当时,系里仅有十几位老师,且大部分为年轻助教,想要建设科目齐全的数学系困难重重。在数学系并入江苏师范学院后,校园大草坪西南角 400 号数学系的办公室转为它用。恢复之初,没有充足的办公空间,大家只能自己想办法解决。办公用房不够,要重新安排;没有教具,要重新添置;资料室图书不足,要重新购买;就连桌椅板凳也不全。

◎ 图 8-3 数学科所在的 400 号办公楼

  在开学之初制定烦琐的年度教学工作计划时，高扬芝主任总是就教学问题与任课教师们反复商量，直到妥帖为止。虽然工作、教学相当忙碌，但她依然认真地阅读每一份教学报告，有不通顺的地方，也总是不厌其烦地琢磨、修改，直到满意为止。重建数学系后，高扬芝主任和其他系领导一起将引进教师作为重要工作，提出了尽可能地多渠道引入教师的想法，有计划地陆续引进新教师。

  二楼南头东角的一个两间相通的办公室是系领导的办公室，高扬芝备课和办公都在那里。办公室不够用，教师的办公室就只能每个教研室一间，里面放两张办公桌，不论教研室教师多少，一个教研室只能分到一间不到 14 平方米的办公室，大家只能共用。当时年轻教师的宿舍也都很小,老师们要备课,只能相互商量到办公室去,每天晚上400号楼灯火通明,办公室里总有教师在备课。那时一位教师每周上10节课是很平常的事。即使是刚刚毕业的年轻教师也要派上用场,一边听老教师的课,一边还要给本科生上课,现如今这种情况却是难以想象!

为把1958年新招的122名学生的课程排出,高扬芝常常工作到深夜。一段时间里,她的血压竟升到了200 mm/Hg,之后高扬芝到江苏省工人医院就诊,医生们吓得连连摇头说"不可思议"。在高扬芝的带领下,师生们又重新聚集起来,通过艰苦努力,南京师范学院数学系奇迹般地获得了重生。在听到领导给予的高度评价后,高扬芝心中无比欣慰。

1959年12月,高扬芝作为江苏省政协第二届委员会妇女界委员参加了江苏省政治协商委员会第一次会议。在南京人民大会堂里,她代表妇女在会上讨论发言,闪光灯下,她体会到了人民当家做主的自豪感和荣誉感。

二、教书育人

转眼数学系已重建一年,随着一批新毕业的大学生加入,教师队伍壮大起来,青年教师占全系总人数的60%以上。

1959年是高扬芝异常忙碌的一年。1月,根据关于在高校建立党委领导下的校务委员会负责制的指示,南师成立第一届在党委领导下的院务委员会,委员35人,高扬芝名列其中;4月,江苏省教育行政会议召开,会议就教育工作如何做好整顿、巩固、提高以及各类事业的调整问题开展了讨论,高扬芝与南师数学系积极响应,不久就把会议精神落实到教学工作中;9月,江苏省农业高中师资培训班在南师开班,分文、理两个班,学员62人,为期一年,高扬芝安排了系里得力的教师前往授课。

◎ 图8-4 南京师范学院农高中师训班理科师生留影

在政治运动不断的情况下,除了系里的繁杂管理事务,高扬芝把教学当成自己的本位工作,总是把主要的精力放在数学教学上。为教好这批基础较好的本科生,高扬芝在备课上精益求精。她总是说,上好每一堂课是我的本分,也是一件关乎未来的大事。她是这样说,也是这样做的。

在教学上,她注意听取课代表反映的意见,针对学生具体情况开展教学实践。例如求复数的模和模角,一般讲一两个例题就过去了。而课代表反映,这一部分内容同学们并不是太理解,所以在之后的重点辅导时,高扬芝就一连举了十多个不同的例子,并叫每一个学生各演算一道例题,这样一来学生就全懂了。在她看来,知识上不能有半点的马虎。她给学生批改的作业,批语简明扼要,工工整整。学生出错的地方,几乎没有一处能逃过她那双犀利的眼睛。

高扬芝在批改作业过程中,尤其注重发现学生对知识的掌握程度,了解他们水平的高低,以便在下次授课时及时进行调整,切合学生的实际需求。高扬芝在总结自己组织教材方面的经验时说:"我初步地掌握了唯物主义的认识论,能从旧教材中,用新观点新方法把它组织起来。"

一天,高扬芝在给58级学生上数学分析课时就采用两个直观的计算来引入定积分的概念。

如果物体的质量是均匀分布的,则密度很容易求出,只要用物体的体积去除物体的质量,就得到物体的密度。例如有密度均匀的物体重50克,体积是100立方厘米,它的密度就是 $\frac{50}{100}=0.5$ 克/立方厘米。

如果物体的质量分布不均匀,它的密度就很难求得。我们用体积来除质量,只能得到物体的平均密度,不是它的真正密度。因为质量分布不均匀，物体上各点的密度不相同。为了得出在物体上某点的真正密度，我们就缩小物体于某一点（就是逐渐削去不含该点的体积），这样所求出的平均密度就越接近于该点的真正密度。举例如下：

假设 P 点是物体上的定点。为了求 P 点的密度，我们把包含 P 点的小块体积逐渐割小，按以下序列缩小。

1 立方厘米，$\frac{1}{2}$ 立方厘米，$\frac{1}{3}$ 立方厘米，$\frac{1}{4}$ 立方厘米，……趋近零。

假设各小块的质量按序列：

1 克，$\frac{1}{4.1}$ 克，$\frac{1}{6.01}$ 克，$\frac{1}{8.001}$ 克，……趋近零。

则平均密度按序列：

$\frac{1}{1}$ 克/立方厘米，$\frac{1}{2.1}$ 克/立方厘米，$\frac{1}{2.01}$ 克/立方厘米，$\frac{1}{2.001}$ 克/立方厘米，……趋近 $\frac{1}{2}$ 克/立方厘米。

$\frac{1}{2}$ 克/立方厘米就是物体在该点的真正密度。

这些内容并不难懂，同学们都能很好地理解，大家也听得进去。

她说：求密度不均匀的物体的质量。假设物体的密度是均匀的，它的质量就等于密度与体积的乘积。假如物体各处的密度不相同，要计算它的质量必须把物体分成许多小块，把每一小块看作密度是均匀的（其实并不均匀），所以每一小块的质量就等于密度乘以体积,各小块质量的和就是原来物体的质量的近似值。所分小块的块数越多,近似值越精确。现在我们举一个例子。

设有一个立方体,边长 1 米,在它上任一点的密度 ρ 与该点离底面的距离 h 有以下的关系式:

$$\rho = 3h + 1 \text{(密度单位是千克/立方米)}$$

我们把立方体分成与底面平行的十个薄片,每片厚 0.1 米,从最下的一层算起:

$h=0.1$ 质量$=\Delta m_1=(3\times 0.1+1)\times 0.1=0.13$ 千克$=130$ 克

$h=0.2$ 质量$=\Delta m_2=(3\times 0.2+1)\times 0.1=0.16$ 千克$=160$ 克

$h=0.3$ 质量$=\Delta m_3=(3\times 0.3+1)\times 0.1=0.19$ 千克$=190$ 克

$h=0.4$ 质量$=\Delta m_4=(3\times 0.4+1)\times 0.1=0.22$ 千克$=220$ 克

$h=0.5$ 质量$=\Delta m_5=(3\times 0.5+1)\times 0.1=0.25$ 千克$=250$ 克

$h=0.6$ 质量$=\Delta m_6=(3\times 0.6+1)\times 0.1=0.28$ 千克$=280$ 克

$h=0.7$ 质量$=\Delta m_7=(3\times 0.7+1)\times 0.1=0.31$ 千克$=310$ 克

$h=0.8$ 质量$=\Delta m_8=(3\times 0.8+1)\times 0.1=0.34$ 千克$=340$ 克

$h=0.9$ 　质量$=\Delta m_9=(3\times0.9+1)\times0.1=0.37$ 千克$=370$ 克

$h=1$ 　质量$=\Delta m_{10}=(3\times1+1)\times0.1=0.4$ 千克$=400$ 克

总质量的近似值$=2\ 650$ 克

如果把立方体分成 20 个薄片,每片厚 0.05 米,求得总质量的近似值是 2 575 克。片数越多,所得总质量的近似值越精确。由定积分知总质量是 2 500 克。

听到这里,同学们不知不觉已被高老师引进了数学分析的门径。

系里的老师和同学都以能听到高扬芝老师的课而感到幸运,这就是高扬芝数学课的魅力所在。孔子曾说过,"不愤不启,不悱不发",高扬芝给学生创造了一个情境,让学生达到"愤悱"的状态,她再加以启发,这样就能激起学生们对数学的兴趣,进而让他们养成在数学学习过程中认真思考的好习惯。学生们就是在这样的氛围下,被高老师带入了学习数学的良性状态。

由于多年教学经验的积累以及岁月积淀留下的功底,对数学分析和复变函数等课程,高老师早已成竹在胸,她完全可以不带教科书就上讲台。但是高老师每次在给学生上课前仍要重新撰写教案,重新设计教学目标。高扬芝任课的班级,成绩、基础好的同学,听了她的课,受到启发,会越学越好。有一部分同学在她的指导下,还能单独撰写论文;基础稍差的同学,听了她的课,也觉得容易接受,有可上的台阶,渐渐喜欢上了数学。

◎ 图 8-5 数学系学生在讨论问题

学生们都反映:"高老师的课有磁力。一口字正腔圆的普通话没有一点含糊,像是刻意过滤过的。所讲的内容,一点也不枯燥,常常是引人入胜,使我们流连忘返,总是在我们还在回味课上讲的精华时,她讲的内容正好画上了句号,刹那间下课铃就响了,听高老师的课真是一种美妙的享受。"

高扬芝说:"不同学生的课上起来大不一样,同一年级,不同班级学生的课上起来也不一样,哪些东西该讲,哪些东西不要讲,效果大不一样。"就是这些"不一样"形成了她因材施教的教学特点和独特的教学风格。她在课堂上针对不同班级、不同学习程度学生的特点,能恰如其分地把握每一个学生的心理,启发性地引导他们热爱数学,鼓励他们探索数学的奥秘。

20世纪50年代末期,在"教育同生产劳动相结合"的号召下,有大批教师、学生走出校园,走向社会,为经济与科技发展服务。高扬芝带领一批年轻教师在下关码头进行油罐车的测量,把数学和生产劳动实践紧密结合起来。她指导年轻教师带领学生深入南京火车站、港务局等装卸作业区进行诸如合理装卸、提高生产效率等方面的课题研究。这在当时应该算是典型的理论和实践结合的好形式。这些研究,拓宽了学生们的思路,也激发了他们对数学的兴趣。

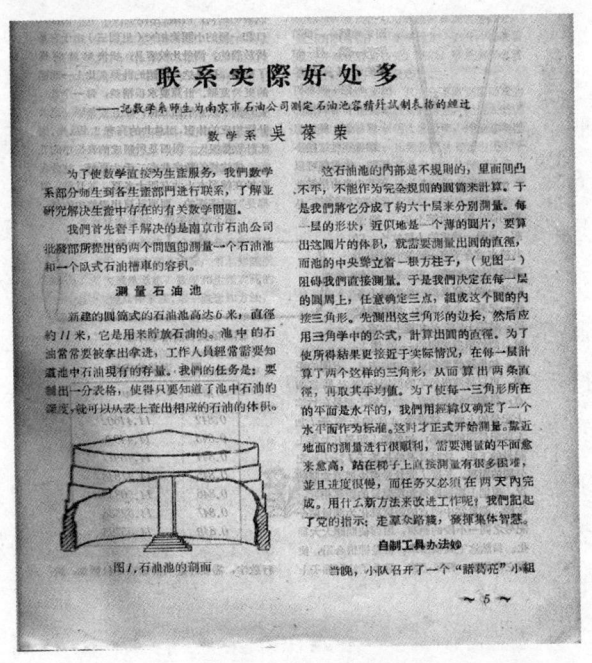

◎ 图8-6 教师吴葆荣在《南师学报》上刊登的论文

这一时期以来,高等师范究竟应该走向何方是存在不同看法的。有人认为高师应向综合大学看齐,向高、深方向发展。高扬芝说高师也可以搞高、深的科学研究,但是不把教学看成是一项科研也是不对的。她认为,教育是一门科学,教育理论、教学法是重要的科学研究,高师首先应该面向中学,培养合格的师资队伍。

高扬芝老师是一个生活十分节俭的人,尽管拿着三级教授的工资,但她能称得上正装的衣服也不过一件灰色短呢外套和一件长袖黑色大衣,而这样的衣服有重要活动时才穿。日常生活中,一件深蓝色的"人民装",一穿就是十几年。早年在北大读书期间,她就开始了半工半读的求学生涯,担任家庭教师来补贴一些上学的开销;大学时,她常利用课余时间到北京的一些私立中学兼职上课来赚取生活费。幼年清贫的生活和半工半读的经历使她养成了俭朴的习惯。

但是,每当遇到需要帮助的人或事,她都会慷慨解囊,在数学系建系之初,每当新生入学,系里举行师生联欢之类的活动,她总是自己出钱,买来瓜子、糖果供师生联欢。学院在五台山体育场举行运动会,她也拿出一些积蓄买来奖品,奖励那些为数学系争光的学生。

院领导考虑高扬芝老师年纪大了,给她安排了较为方便的宁海路207号二楼的宿舍,不久高老师请到了保姆郑奶奶来家里料理生活。

郑奶奶也是苦出身,一个人在外谋生,后来一直在高老师家里做工,高扬芝老师待她就和家里人一样,十分尊重她。

每日早上,郑奶奶一出房门,大白猫就在郑奶奶身边卖力地兜圈子,"喵喵"地叫个不停。郑奶奶知道它在讨食,便从厨房里拿些吃的给它,它便不声不响地吃起来。大白猫吃好早餐,就去高老师的房门前不停地"喵喵"叫。高老师一开门,大白猫就会马上跳到她的面前。洗漱后,高老师将猫抱起,到桌边去吃早饭。早饭后,高扬芝出门上课,大白猫一直跟到大门口。

中午高老师回来了,大白猫早在大门口眼巴巴地等着了。不管高老师有多少不顺心的事,一回到家中看到她的大白猫,听到"喵呜"一声浅叫,她的烦恼就烟消云散了。

晚饭后,高老师总是在自己的书桌边备课、读书工作至深夜,大白猫就一直陪伴着她。大白猫是高扬芝生活中不可缺少的"家庭一员"。

退休教师葛福生教授还记得,在1958年第一届数学系学生入学典礼上,高扬芝主任在讲话中,讲了两个人生数字故事:一个是健康第一。健康是"1",事业,家庭等等都是"0",有了健康,则事业等等合起来就会成为"1 000""10 000"。但若健康没有了,事业等等则全化为"0"。"同学们,你们一定要在年轻时就注意锻炼好自己的身体,将来才能更好地为社会主义国家服务。"

第二个故事是她的"人的分数值定律"。她说:"人的价值是个分数值,人对自我的评估是分母,自我评估越高,分母越大,分数值就会变小。而别人对你的评估是分子,评估越高,分子越大,分数自然就越大。"她谆谆教导同学们,做人一定谦虚谨慎。

高扬芝就是这样的睿智,以数学人的思想教育这些未来的人民教师。她的话同学们都爱听,并且记了一辈子。这些话又传给了学生和学生的学生,影响了一代又一代的数学教师。

在高扬芝的带领下,面对老教师少、新教师多、任务重的不利情况,同事们肯干、肯钻、任劳任怨,富有朝气和活力,出色地完成了领导安排的繁重教学任务。高扬芝的教学工作为师生们树立了榜样,得到了领导和广大师生的高度肯定。

三、言传身教

1959—1961年,国民经济出现了严重困难,就连富庶的江苏也出现了粮食供应短缺问题。1960年1月,江苏省人民委员会就学校工作发出通知,要求学期末考试适当降低要求,只考主要课程。

为贯彻中央提出的"调整、巩固、充实、提高"的方针,江苏省委召开文教工作会议,中共江苏省委宣传部副部长兼教育厅厅长吴天石在会上发言,指出:一个时期学校占用劳动力过多,刮了一些"共产风";质量上有问题,工作上浮夸风比较严重。数学系针对教学工作中的一些不切实际的做法进行了整顿,教学工作开始走入新的轨道。

高扬芝在干好行政工作的同时,从未中断给学生上课。她以身作则,为青年教师做出了榜样。数学分析是大学一、二年级的课程,复变函数、数学史是大学三、四年级的课程。由于人手不够,她常常要跨年级上课,从大一到大四的课程她都教,对于一般的老师这是很困难的,可是她都咬牙顶了下来。

教师的工作量增加了许多,课程排不过来,就改由大班上课。高扬芝和其他教师都常常给200多名学生的班级讲课。上这样的课,既要有激情又要有足够的体力,常常是一节课上下来,浑身是汗。这一年高扬芝已经56岁了,可是面对一双双求知若渴的眼睛,她总是忘记了身体上的疲惫,讲课劲头依然不减当年。一节课上下来,她的血压就会升高,所以每节课后,她都要坐在讲台椅子上休息一会儿才回办公室。

身教重于言传,在高扬芝主任身体力行的感召下,全系同志心往一处想,劲往一处使,纷纷为做好系里的教学工作出主意、想办法,克服个人困难,增加在教学上的时间投入,数学系的教学水平不断提高。

1958年12月26日的《南师校刊》上,刊有蒋孟平老师《面向生产,结合实际,数学系收集科学研究题119个》和《用土工具想穷办法,数学系试制计算尺成功》的文章,蒋孟平老师在文章中介绍了数学系面向实际进行科学研究的经验。1959年6月2日《南师校刊》上登有数学系学生赵渭康写的《加强学习计划性,进行一周巧安排,数学系同学进行计划学习,质量显著提高》一文,其中介绍了数学系同学进行计划学习,学习质量显著提高的经验。

计划学习的办法就是任课老师将一周内所要讲授的内容、进度、难易程度在前一周向同学公布。根据同学学习的一般情况,估计每课程所需复习、预习、做作业的时间,使同学能全盘了解下一周各科的学习情况,拟订一周的学习计划。把一天的自修时间都作出合理的安排,把所要复习课程进行周密计划。

　　自实行计划学习以来,已经完全消灭了在学习上的忙乱现象。以前某些同学,学习毫无计划,随便抓一本书就看,有的同学在上自修之前还不知道自己在自修时间要看些什么,现在学习开始有计划性了。由于学习有计划,所以开夜车或整天埋在书本、作业里的疲于奔命的现象就大大减少了。老师在课堂上讲课的时候把难以理解的部分也就讲的(得)更深更透,使同学容易接受。同学在课前认真做好预习工作,课堂上集中全力、专心的(地)听老师讲解,把困难的部分记下来,课后反复思考。同学们及时复习一天所学的功课,再通过作业使学得的知识掌握得更牢固。以前,有许多同学往往只抓住做作业这一环节,对于预习、复习、听课方面就忽视了。因而听课时,不懂的地方也就任其溜过去了。现在由于充分的预习、复习,所以学得深入多了。过去有人错误地认为做完作业,那就万事大吉,可以轻松一下了,现在就不是这样了。在师生的共同努力之下,学习质量较前有很大提高……现在无论是在宿舍、教室、图书馆都可以看到数学系的同学正在紧张而愉快地学习着。

　　1959年7月7日《南师校刊》上刊登了《数学系青年教师勤教勤学,业务水平和教学质量获得显著提高》的文章,详细介绍了高老师指导青年教师工作的事迹。文章说:系主任高扬芝教授在指导青年教师试教时,总要一遍两遍地审阅青年教师的试教笔记,提出修改和补充意见,甚至在星期天也不辞辛劳地从家里赶到学校与青年教师研究教学问题。

作为系主任,高扬芝还非常注重对青年教师的培养。考虑到繁重的教学任务和不同的个人情况,她对青年教师的培养采取了结合教学帮助教师提高业务水平的办法。具体来讲,就是根据教学中遇到的问题,找来相关书籍进行辅导。

葛福生老师至今还记得他当年留校后学习外语的情形,他就是在高扬芝先生的鼓励下开始学习英语的。葛老师曾经听高先生说:学习外语对于高校数学教师不是可有可无,而是十分重要的事,我们数学教师学习外语要重在实用,在读、听、说上下功夫。掌握了读就多了自己眼睛;掌握了听的能力就多了自己耳朵;掌握了说,就多了自己嘴巴。这就是高先生的"三多"理念。

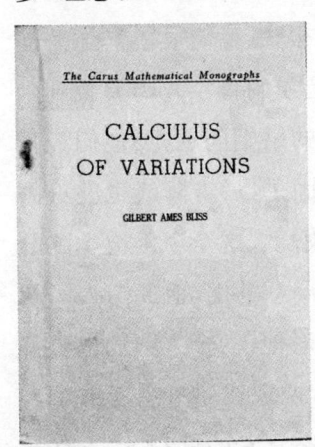

◎ 图8-7 英文版《变分法》书影

一天,葛福生老师找到高扬芝主任,向她求教如何能学好英语方法,并希望高主任能辅导他。高主任十分认真地分析了他的情况后,说自己工作太忙不能亲自辅导他,推荐了吴葆荣老师给他辅导。葛老师选购了一本英文版的《变分法》,之后每周四上午2个小时由吴老师指导英语,水平大有长进,为他提高教学水平打下了基础。

高扬芝关心系里每一位青年教师的成长。一个下着大雨的星期天,高扬芝在家里突然想起,第二天要上课的青年教师的讲课内容前后逻辑顺序仍有些问题,于是不顾雨天路滑和腿脚不便,不辞辛苦地撑着油纸伞赶到学校,找到这名正在备课的青年教师,与他研究教学上的不足之处,指导他将教案重新修改好,然后才放心地回家。

高扬芝就是这样不厌其烦地为青年教师指导试教,一遍又一遍地审阅青年教师的试教笔记,提出修改和补充意见。她从备课、组织教材等方面指导青年教师上习题课和批改作业。通过这样的指导,数学系的青年教师进步很快。青年教师宋文铆进步较快,学生们对他的课反映很好;在化学系教课的蒋光平由于教学耐心负责,受到化学系学生的赞扬;蒋光平和张永康两位老师在高扬芝的引导下,还常常用通信的方式,向江苏师范学院数学系的老教师求教,得到很多教学上的指导。蒋光平、吴葆荣、刘云章等青年教师的教学水平提升很快,反响很好。

高扬芝其实也很热爱生活,她总是强调青年教师要找到生活与工作的平衡点。她很关心年轻人的婚姻问题,要他们经营好自己的"大本营",她常说:大本营巩固了,后方阵线也就巩固了。她曾努力促成过多位年轻教师的婚事,这至今仍被学院的老教师传为美谈。刘云璋是高扬芝的得意学生,他的个人问题自然也得到了高老师的关注,高扬芝常对他说:个人问题也要解决啊。刘云璋向她说出了自己的顾虑,说现在还不想考虑个人问题。"也好,个人问题要慎重。我在个人的问题上是有教训的。"

1959年7月,学校举行了第二次教学经验交流会,高扬芝代表系里的老师谈了做法:要提高教学质量,除了教学之外,必须指导学生改进学习方法。一年来,全系加强了学生的思想教育,端正了学生的学习态度。在教学计划上做了调整,减少上课时间,严格控制会议次数,以保证自习时间。在指导学生改进学习方法上,加强预习、听课、记笔记、复习、练习等方面的指导,因而学生的成绩有了显著提高。

1959年9月,温建平院长在校务委员会上作新学年的工作任务报告,要求"以八届八中全会文件为纲,进一步贯彻党的教育方针,巩固和发展教育革命的成果"。高扬芝和其他系领导一起,积极加强对青年教师关键性的思想引导。主要包括:说明形势,讲清服从教学的道

◎ 图8-8 数学系教师在政治学习

理和进修的目的,帮助他们树立雄心壮志,培养他们独立钻研、刻苦学习的精神,防止自满、畏难情绪的滋长。同时合理安排他们担任行政工作、政治工作,一般是一人一职,以便他们有工作和进修的时间。

为加强年轻教师和学生对数学的兴趣,她在学术上指点、引导他们研究数学的深层次问题。高扬芝通过不断地总结,认识到数学教学不仅仅是告诉学生要掌握的知识,让学生被动地接受、机械地记忆和模仿练习,而是要从学生已有的知识、经验和

思维水平起步,通过创设富有启发性的情境,开启学生的新思维,产生由困惑引出的求知动因,最终使学生有主动学习的动力,实现有意义的学习。在南京师范学院的教学工作中,为教好数学师范生,高扬芝不断改进教学方法,教学的广度和深度都有了质的跨越。

宋喆老师在《高扬芝——诲人不倦的数学教育家》一文中就写道:

> 对青年教师,高扬芝身体力行地教会他们如何做人,使他们在漫长的人生道路上能够不断地自我激励、有所成就。在同青年教师谈话时,针对他们年轻气盛的特点,她总是主张多看年轻人的优点和长处,因为她认为"未来的世界是年轻人的"。但她也不断地告诫年轻人:"如果有一天接力棒传到你手里的时候,你能否挑起时代的重担?"在她的得意弟子们做她的助教时,她总是不断提示和鼓励他们多看些适合自己未来走向和发展的书,以便使他们在能够把握的时间里尽可能地多掌握些东西。

高扬芝经常给数学系成立的读书会开列书单,指导青年教师读书。针对不同教师当时的状况和特点,她开列的书单总是先易后难,因人而异。每隔两周高扬芝就要同青年教师们交流一次,不断鞭策和激励他们。

桃李不言,下自成蹊。看到一批青年教师已经成长起来,头发花白的高扬芝欣慰地笑了。

四、绘就蓝图

1960年,南京师院根据中央关于高等师范学校必须成为教育革命的学校、文化科学知识质量要迅速赶上综合性大学水平的指示,在课程设置、教学方法等方面进行教学改革。高扬芝主任为响应科学人才培养和教育科学研究的要求,在教学上进行了一系列的革新。

◎ 图8-9 《南师校刊》之《思想不断革命 方案不断革新 数学系立志赶上综合性大学教学水平》

1961年学校办学规模渐成,系科、专业设置稳定。院内各项工作步入以教学为主,提高教学质量的正常轨道,并提出稳定教学计划、课程、师资、教材和稳定考试考查制度的措施,同时在稳定教学、科研、生产劳动的时间安排基础上,提高教学质量。高扬芝主任也为数学系的发展反复规划着蓝图。

首先是民主讨论。葛福生老师是1958年入学,1962年毕业留校工作的老师,他回忆了关于数学系发展的一些事情。每次在确定一学期的教学计划时,高扬芝主任倡导的是民主讨论形式,葛福生老师还记得他曾在南大楼参加过这样的讨论会。这样的讨论会是全系教师参加的,讨论中大家都可以发表意见。高扬芝常和大家一起讨论,就自己的想法、思路与大家共商,与大家统一认识。

对于大家一时不能统一的认识,暂时放一放,留到下一次再讨论。参加这样的讨论会,青年教师们能从中学到老教师的经验和系里整体发展概况,在这样的讨论会上能够就学校办学方向、数学系学生的培养目标、课程的计划规律、排课的原则,以及对教师的要求、系里的发展目标、教师进修的计划有一个较为深入的认识。这样的讨论全系的老师都会来,气氛十分融洽热烈。高扬芝没有主任的架子,无论平日和教师们谈话,还是跟学生们交流,她总是平易亲切,让你不觉得有任何拘束,倒像是同一位和蔼的长辈在聊天。

葛福生老师记得讨论会上大家统一了数学系的教学要求。一是强调前三高——数学分析、解析几何、高等代数,后三高——微分方程、实变函数、概率统计。同时根据师范学院的培养目标,强化初等数学的教学。在统一认识的基础上,大家心想一处,就容易使干劲形成合力,推动系里的教学工作。高扬芝主任总是在制定年度教学工作计划时,反复与系总支书记、教学秘书及任课教师们充分商量,直到妥帖安排为止。这样制定的教学计划,实际性、可操作性强,执行力好。

其次是严格管理,注重学生质量。学生毕业考试前三科(数学分析、解析几何、高等代数)不及格不能毕业;考试内容为理论、定理证明(五个题目);坚持主讲、助教制。

第三是培养师资,实行教师分流。高扬芝对系里的年轻人十分重视,认为他们是未来的主人,对他们寄予了厚望。但对于实在不能胜任的年轻人,则分流到中学教书。系里的老教师健康情况差,但教学任务重,人又少,在培养青年教师方面,不可能对他们有过高要求,只能结合教学,让他们尽可能地帮助青年教师提高业务水平。采用这些切实的方法,有效地帮助青年教师解决了教学中的实际问题。在对青年教师的思想教育上,从围绕教学进行进修的目的,帮助他们树立雄心壮志,培养他们独立钻研,刻苦学习的精神。高扬芝主任为了数学系的发展,千方百计,谋划布局。

高扬芝主任和系领导班子的建系思想十分清晰。1962年,数学系根据院党委的指示,在对师资情况、教学情况作全面调研的基础上,初步摸清了全系教师队伍的情况,总结了过去培养青年教师的经验,制定了培养青年教师的规划,形成了系里未来的建设计划:

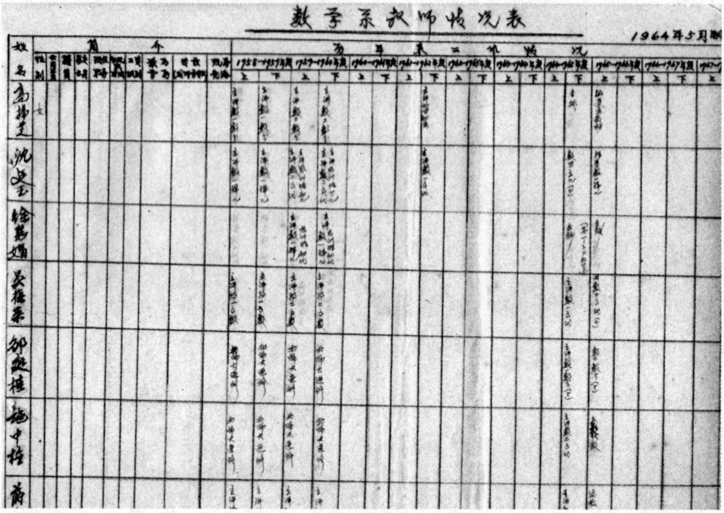

◎ 图 8-10　数学系 1958—1968 教师工作安排

数学分析(一)教研组,17 人。

其中:数学分析(数一、数二)9 人,包括主讲 3 人、辅导 6 人;数学分析(物一)2 人,包括主讲 1 人、辅导 1 人;高等数学(物二)2 人,包括主讲 1 人、辅导 1 人;高等数学(化一)2 人,包括主讲 1 人、辅导 1 人;高等数学(生一、地一)2 人,包括主讲 1 人、辅导 1 人。

数学分析(二)教研组,9 人。

其中:复变函数(数三)4 人,包括主讲 2 人、辅导 2 人(其中 1 人兼初函);实变函数(数四)3 人,包括主讲 1 人、辅导 2 人;概率与数理统计(数四)2 人,包括主讲 1 人、辅导 1 人。

微分方程教研组,7 人。

其中:常微分方程(数三)4人,包括主讲2人、辅导2人;偏微分方程(数四)3人,包括主讲1人、辅导2人(兼微分几何);计算方法由高等代数教师兼。

初等数学和教学法教研组,12人。

其中:初等几何(数四)4人,包括主讲2人、辅导2人;教学法(数四)4人,包括主讲1人、辅导3人(包括联系中学);计算数学1人,为辅导;初等代数、初等函数(数四)3人,包括主讲1人、辅导2人。

代数几何教研组,13人。

其中:高等代数(数二)6人,包括主讲2人、辅导4人;线性代数(物一),包括主讲1人(兼物一解析几何);解析几何(数一)3人,包括主讲1人、辅导2人;高等几何(数三)3人,包括主讲1人、辅导2人。

理论力学(数三)1人。

全系共需教师59人。

对教师队伍建设,高扬芝主任殚精竭虑,认真布局。做法就是"送出去,请进来"。早在1959年间,在邵甲一之后,高扬芝主任就派施中柱、邹庭桂两位老师去北京师范大学进修两年,学习内容是计算机及计算数学,偏微分方程。

1959—1960年,高扬芝主任和系行政领导决定:派王庆福老师去南京大学进修实变函数;派颜有守、褚贵荣去南京大学进修计算数学;派葛福生去南京大学进修函数论;派谭锡林去南京工学院进修无线电;派张恩华、郑章元去江苏师范学院进修概率统计;派吕庆怀去浙江大学进修物理等。南京师范学院与南京大学距离较近,高扬芝主任派出多名数学系青年教师到南大旁听,先后就有 46 人次,进修偏微分方程、概率统计、实变函数等课程,为日后的发展做准备。可见高扬芝主任建设数学系的思想深邃高远。

从 1958 年秋季开始招生到 1962 年第一届毕业生毕业的 4 年里,系里在读学生猛增至近 500 人,但教师的数量却增加不多,工作量之大可以想见。数学系不能开出的课就请南京大学等兄弟院校的教师代上,实在不行了高扬芝老师就多上几门课。

宋喆老师在他的文章中写道:

> 从 1958 年秋恢复招生到 60 年代中叶,南京师范学院数学系不到 10 年的工夫,已经从初创时期的幼苗逐渐地根深叶茂起来。这期间,高扬芝教授倾注了自己的汗水和心血。

那是一段美好的时光,当时的数学系老师,常常会看到高扬芝老师脸上欣慰的笑容。

玖

桃李天下（一九六〇—一九六六）

> 从1958年秋恢复招生到60年代中叶,南京师范学院数学系不到10年的工夫,已经从初创时期的幼苗逐渐地根深叶茂起来。这期间,高扬芝教授倾注了自己的汗水和心血。
>
> ——宋喆《高扬芝——诲人不倦的数学教育家》

一、随园 400 号

当你踏入南京师范大学的随园校区,你一定会心旷神怡,那幽静的林荫道、碧绿的大草坪、宫殿式的建筑和悠扬的钢琴声,处处体现出东方校园特有的精致与典雅。置身于南京师范学院林荫道旁的图书馆,伴着若隐若现的琴声看书,则又是一种诗意的感受。数学系的办公楼 400 号就坐落于这样优美的环境中。每天清晨第一缕霞光总是透过树丛先照到 400 号的楼上,生机盎然。

◎ 图 9-1 1964 年的高扬芝教授

400 号楼里尽是 20 岁左右风华正茂的青年教师,是校园里一道亮丽的风景。数学系的学科建设事业就像他们一样欣欣向荣。

对数学系的学生来说,最值得回忆的,就是那美丽校园中高扬芝老师精彩的数学课,她的课深入浅出,通俗易懂,很受学生们的欢迎,学生们若干年后回忆起来,依然历历在目,倍感自豪。

作为系主任,她既要协调教师们的课程,又要亲自给学生上课,工作忙碌且繁杂,但她却安排得从容不迫、有条不紊。数学系教师队伍壮大起来。

沈廷玉是数学系副主任,早年毕业于金陵大学,大学时期就很优秀。毕业后考虑到家庭开支,一直在中学教书,后调入南京师专,1952年就来到南师,后又同高主任一起回南京建系,是创建数学系的另一位元老。蒋光平,北京师范大学数学系毕业生,擅长教几何,他能力强,是青年骨干教师。青年教师还有吴葆荣、施中柱、邹庭桂、蒋孟平、赵霖、杨儒生、刘云章、吴文炯,后五位都是1958届江苏师范学院的优秀毕业生。后来又引进二十多位新教师,他们为南师数学系的重建做出了令人称道的巨大贡献。

◎ 图9-2 1964年数学系全体教师合影

到1962年,全系共有48位教师,其中教授、副教授各1人,教员2人,讲师3人,助教41人。全系有党员14人,团员25人。48位教师中有女教师15人。30岁以下的青年人占80%以上,是一个十分有活力的系科。

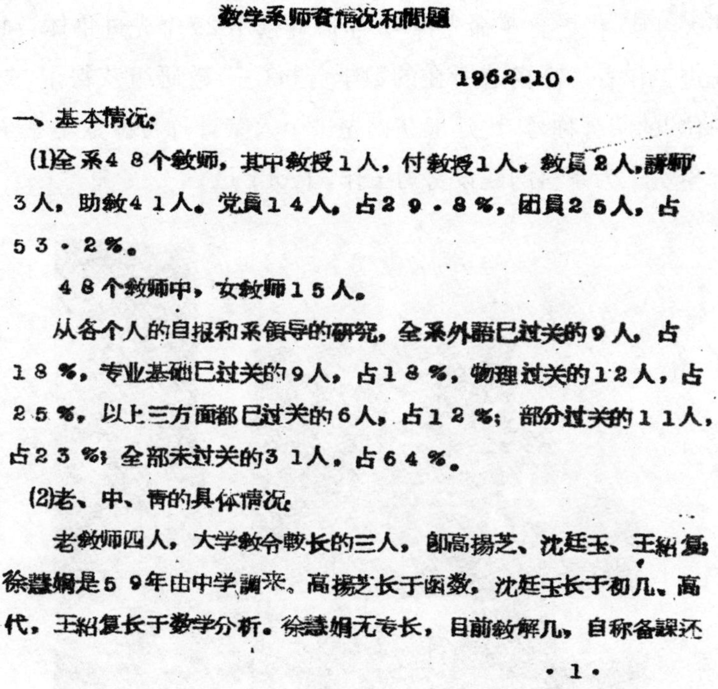

数学系师资情况和问题

1962.10.

一、基本情况：

(1)全系48个教师，其中教授1人，付教授1人，教员2人，讲师3人，助教41人。党员14人，占29.8%，团员25人，占53.2%。

48个教师中，女教师15人。

从各个人的自报和系领导的研究，全系外语已过关的9人，占18%，专业基础已过关的9人，占18%，物理过关的12人，占25%，以上三方面都已过关的6人，占12%；部分过关的11人，占23%；全部未过关的31人，占64%。

(2)老、中、青的具体情况。

老教师四人，大学教令教长的三人，即高扬芝、沈廷玉、王纫复，徐慧娟是59年由中学调来。高扬芝长于函数，沈廷玉长于初几、高代，王纫复长于数学分析。徐慧娟无专长，目前教解几，自称备课还

· 1 ·

◎ 图9-3 《数学系师资情况和问题》报告

短短5年时间内，在高扬芝的领导下，南京师范学院数学系得到了奇迹般的恢复，随着一大批青年教师的加入，数学系成了学校最有朝气的系科，在校际间也产生了一定的影响。

1960年3月，南京师范学院召开了第二次党代会，并决定表彰全院先进单位和先进工作者。高扬芝是南师数学学科的领头人，也是南师知名的教授。在选出南京师范学院先进单位和先

进工作者的筹备委员会中,高扬芝被推选为委员会委员。① 1960年4月16日,学院召开全院群英大会,主题为"高举毛泽东思想伟大红旗,做教育革命先锋"。全院评选出29个先进集体,74名先进工作者。高扬芝所在的数学分析(一)教研组获得了"先进单位"的荣誉称号,沈廷玉获得先进个人荣誉称号。数学系全系师生员工为系科的建设努力工作,干劲十足。

◎ 图9-4 杨儒生、卞桂云等教师在备课

1961年3月,南京师范学院党委决定学院当前工作计划:第一,抓好生活,保证健康;第二抓紧教学,提高质量;第三抓紧思

---

① 1960年4月19日《南师校刊》,南京师范学院先进单位和先进工作者筹备委员会主任委员:温建平;副主任委员:鲍有荪、杨杰、田树凡、孙望、陈邦杰;委员:田树凡、包均、列冰、李敬仪、肖亚、吴懋仪、吕斯百、易尊五、俞明、高扬芝、孙望、陈邦杰、陈洪、陈国桦、张梅真、温建平、冯世昌、杨杰、雷震清、鲍有荪、熊启昌。

想,总结工作。整顿作风等为那一学期的中心工作。当时正值三年困难时期,大多数人还在饿肚子,高扬芝和广大知识分子一样从心底里希望国家、学院能够一天天好起来。

◎ 图9-5 数学系朱作桐老师带领学生在运动

同年9月,中共中央发出《关于讨论和试行〈教育部直属高等学校暂行工作条例(草案)〉的指示》。明确规定高等学校必须正确地执行党的知识分子政策,团结一切可以团结的教授、副教授、讲师、助教和其他具有专门知识技能的人,调动一切积极因素,为社会主义的高等教育事业服务。高扬芝主任和全体数学系老师积极响应,大家工作热情空前高涨。

1961年10月,南师全院上下掀起了学习、宣传、贯彻《教育部直属高等学校暂行工作条例(草案)》(简称《高教六十条》)的热潮,围绕"以教学为主,努力提高教学质量"这个中心,提出并制定了贯彻落实的具体措施。高扬芝教授带领全系教职员工以此为动力,加强管理,教学相长,成绩喜人,使数学系的教学工作又上了新的台阶。由于高扬芝工作出色,1961年9月她当选为第一届江苏省数学会副理事长。①

1963年5月,中央要求在全国城乡开展一场社会主义教育运动,这就是后来称之为"四清"的运动。1964年初,数学系的赵霖老师参加了省级机关社教工作队赴涟水的四清工作。1965年初,学院组织四清工作队,高扬芝也参加了运动,一二年级学生被安排在校学习一些基础课程,其他年级大部分学生由20多名教师带队到江宁县陆郎公社开展四清工作。高校师生参与的这场社会主义教育运动,虽然能够从思想上教育学生,但也打乱了正常的教学秩序,对学生的学业造成了影响。

◎ 图9-6　青年教师在一起备课

从1958年到1963年,南师数学系的教学质量大有提高,毕业生大受欢迎。南京师范学院数学系在江苏省已成基础教育领域数学教师的重要培养基地,江苏省内中学数学教师为江苏乃至全国的基础教育事业贡献良多。

---

① 徐耀新.江苏科协五十年(1959—2009)[M].南京:江苏人民出版社,2009.

二、华罗庚来了

"华罗庚先生要来南师了!"数学系的师生们都兴奋地相互转告。他们早就从高主任平时的介绍中听过著名数学家华罗庚的大名,他自学成材的励志传奇故事更是一直鼓舞着大家,如今能一睹他的风采,同学们别提有多高兴了。

1960年3月14日,中国科学院数学研究所所长华罗庚先生第一次来到南京师范学院,学院领导和高扬芝主任十分热情地接待了他,17日华罗庚对数学系师生作了学术演讲。葛福生教授对当年的事情记忆犹新:

第一次来南师讲学是在学校中大楼110阶梯教室。当华罗庚老师走进教室时,全体师生以热烈的掌声表示欢迎。高主任上前迎接,华罗庚老师距离高主任还有好几米远,就以洪亮的声音说:"高主任,您好!"这一句问候给全系师生一次做人的教育。身为数学界名人,学术有极高造诣的华罗庚老师,对曾与他共事的高扬芝老师表现得十分尊敬。在高主任致过简短欢迎词以后,华罗庚老师开始给我们讲学。由于听众绝大多数是刚学习两年的大学生,其数学基础较薄,只有数学分析、高等代数、常微分方程、普通物理等知识,因此,华罗庚老师选择了一个较为容易接受的课题:

山丘表面积计算问题。对我们只有纯书本知识的青年学生来说,首先想到曲面面积计算的重积分算法。然而第一个矛盾出现在我们面前的是,山表面的曲面函数表达式 $Z=F(X,Y)$ 是什么？如果这个问题不解决,所有书本上所提供的算式均无法实现。华罗庚老师针对师生们这一想法将话题展开,以至回到曲面面积计算的重积分定义,并介绍了苏联两位数学家在这方面所做的工作、所给出的计算方法,一个是沃尔柯夫算法,另一个是巴姆洛夫算法。华罗庚老师很精辟地分析了沃氏算法和巴氏算法的原理、关键,用我们学生能听得懂的"初等微积分"(华罗庚老师当时口语)方法进行分析论证,使我们深深感到,华罗庚老师不仅是一个大数学家,同时也是一个大教育家,教学十分严谨,知识连贯,一环套一环,起点低,落点高。当我们正以为懂了的时候,华罗庚老师提出"沃尔柯夫和巴姆洛夫算法有什么缺点没有"这一提问,引起全场热烈讨论,充分调动了师生共同活动的讨论式教学模式。随后,华罗庚老师对算法中存在的缺点作了细致分析,对其中一些部分提出了修正意见,并作了证明,从而给出"华罗庚算法",大大开拓了学生眼界,进一步加深了我们学生对学术进行分析、讨论的风气。这一次教学给南师数学系全体师生留下的不只是一次学术报告,而是播下了开展学术讨论,锐意创新的精神。[1]

---

[1] 南京师范大学《怀念华罗庚》编委会. 怀念华罗庚[M]. 北京:中国大百科全书出版社,2004.

当时的《南师校刊》以《全国人民代表大会代表华罗庚来院视察并作学术讲演》为题对华罗庚的来访作了报道：

(本刊讯)本月十四日下午,全国人民代表大会代表、中国科学院数学研究所所长华罗庚来我院视察,院长助理田树凡和数学系总支书记周庄、系主任高扬芝等同志接待了华罗庚代表,向他汇报了我院的工作,华罗庚于十七日并向数学系师生作学术讲演。

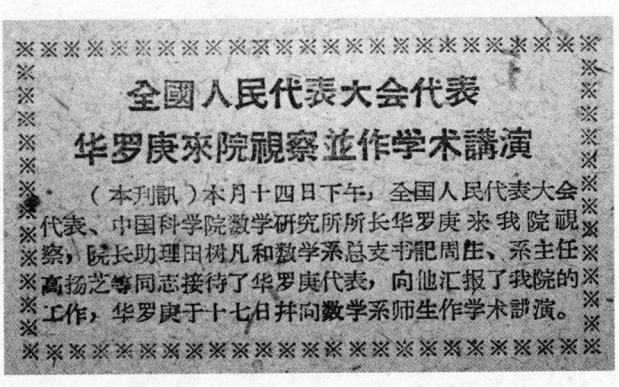

◎ 图9-7 《南师校刊》报华罗庚来校视察消息

华罗庚的这次来访,大大地提升了老师和学生学习数学的兴趣,鼓舞了学生学习数学的斗志,同时也扩大了南师数学系的影响。大家惊奇地发现南师数学系真的重生了。

时隔一年,1961年10月26日,华罗庚再次应邀来南京师范学院作学术报告,又一次在校园里引起了不小的轰动。一时间,人山人海,连外系的同学也都来听讲。葛福生教授的笔记本上记录了当时的情形：

华罗庚第二次报告题目是"学、思、锲而不舍"。华罗庚老师首先提出一个问题：为什么蜂窝是现在这样的长长六边形？其他形状的蜂窝为什么没有？为此，华罗庚访问了许多生物学家，听取了有关蜂及蜂窝的种型在生物史上的介绍，从中发现，历史上曾有过一些蜂的种群，由于在造窝时花费的蜂蜡过多以及（并且）蜂窝结构经不住自然界大风大雨袭击，逐渐被淘汰，今天所保留下的蜂的种群和蜂窝的形状是自然选择的结果，其蜂窝用料少，结构合理，便于蜂的栖息，抗自然能力强。华罗庚老师用了近3个月时间计算出这6个角的角度，发现它符合力学最佳原理，记得华罗庚给出顶角为70度32分多一些。

华罗庚老师谈到在解答这一题目过程中，他也遇到许多困难，经过多次反复思考，修正计算推理过程，才得出结果。他提倡做学问要勤学、勤思，还要有锲而不舍的精神，从不成功中找原因。他勉励我们师生，努力学习，不断思索，解答问题。

在报告中，他还特别介绍读书学习的"从薄到厚"和"从厚到薄"。他这一名言，对我一生从事教学工作有极大指导意义。依华罗庚老师这一教导，我在教学中也不断摸索出"从复杂到简单"和"从简单到丰富内涵"的教学思想和教学模式，取得了较为显著的教学效果。

华罗庚的学术报告开拓了师生们的眼界，增强了他们学习的动力，提振了他们勇于探索的精神，他们的信心和干劲更足了。1966年5月,全国掀起普及华罗庚倡导的"双法"①(指"优选法""统筹法"两法)的热潮,华罗庚再次来到南京,指导普及与推广数学"双法"工作。葛福生教授回忆说:

◎ 图9-8 华罗庚《统筹法平话及补充》书影

华罗庚第三次来南师是应高主任的邀请讲演的。内容是介绍我国向太平洋发射洲际导弹,凭太平洋上的四点坐标,推算导弹的发射地点。他在讲演中运用同学们都学过的初等数学的方法,流畅地推出了结果,给同学们再一次留下了深刻的印象。华罗庚教授告诉同学们,数学在实际生活中是十分有用的,大家在学习数学时,不要只从理论到理论,还要联系实际。他这次来江苏就是向社会推广"双法",希望同学们也能积极参与。

同学们听了华罗庚的报告深受启发,师生们都积极参与到"双法"推广工作。

---

① "双法"是统筹法、优选法简称。统筹法是一门进行生产组织安排和管理的数学方法。优选法,就是运用黄金分割法发明的一种可以尽可能减少做试验次数、尽快地找到最优方案的方法。华罗庚在发现统筹法以后,就响应直接为生产服务的号召,想找一个能够推广的实际生产单位。这时有个负责铁路建设的铁道兵副司令员听说有统筹法,邀请华罗庚到现场铁路线上去用统筹法安排生产,修建铁路。结果是起了很大的作用。他给毛主席写了一封信汇报这个事情,1964年7月21日毛主席回信祝贺。

◎ 图9-9 华罗庚(二排右二)与赵霖(二排右一)等师生的留影

后来,华罗庚为推广"双法"又来过几次,与南师数学系师生一起下工厂和农村,合作得很愉快。① 期间,华罗庚还多次看望高扬芝老师及李旭旦等先生。华罗庚曾对师生们说:"高主任是我的老师,当年在旧数学会时,高教授是评议员,我则是一个小会计。你们要听高老师的话,她的学问可大着呢。"这话虽然是华罗庚先生的谦辞,不过从中可以看出他对高扬芝是非常尊敬的。

著名数学家华罗庚来南京师范学院讲学访问,扩大了南京师范学院在全国的影响。高扬芝和华罗庚的故事,在学校里一直被传为佳话。

---

① 1970年4月,国务院根据周总理的指示,邀请7个工业部负责人听华罗庚讲优选法、统筹法。之后,华罗庚凭他个人的声望,到各地借调得力人员组建"推广优选法、统筹法小分队"推广"双法",为工农业生产服务。华罗庚先后到过23个省、市、自治区工作。由于强调运用毛主席在"矛盾论"中抓主要矛盾的思想,抓住单因素黄金分割法,优选法在实际生产中显示了巨大的威力,取得增产、降耗、优质的效果。许多单位在基本不增加投资、人力、物力、财力的情况下,应用"双法"选择合理的设计参数、工艺参数,统筹安排,提高了经营管理水平,取得了显著的经济效果。

三、启发式教学

说起高扬芝教授,不能不说到她的启发式教学。启发式教学是启迪学生智慧、开启教学互动之门的钥匙,对提高学生的思辨能力、解决问题能力具有重要意义,是课堂教学研究的重要手段。高扬芝从她的老师程廷熙那里继承了这一方法,后来又从吴在渊教授那里得到了点拨,之后通过自己的努力,形成了自己的启发式教学方法。

◎ 图 9-10　60 年代高扬芝教授

中国教育的起源可追溯到《大学》和《学记》等古籍。历史上也出现了像孔子、韩愈、朱熹、王守仁等著名教育思想家,但其思想并未系统化、理论化。中国在近代以前并未出现具有学科意义的教育。

1895年,中日甲午战败,激起了改良主义的"维新运动";20世纪初期"新文化运动"和"五四运动"后,数学教育开始被认识。新中国成立后,我们试图摆脱旧的教育制度,教育界掀起了学习苏联凯洛夫《教育学》的热潮,这影响了教育方法的研究。1956年,凯洛夫的《教育学》开始受到批判,之后,我们一直为教育所困。就数学教育来说,有影响的教育理论总结也很少。

高扬芝在数学教学上从不自满,一直从自己的教学实践中不断地反思和改进自己的教学方法,形成了以启发为主的教学风格。新中国成立后,在学习实践论后,她体会到,无论什么人、什么时候都不能说自己已经学好了,有经验了。要永远虚心地不断提高自己,边工作边积累经验。

一天,高扬芝要讲四平方和定理,她先在黑板上写下了如下等式:

$$1=1^2+0^2+0^2+0^2$$
$$2=1^2+1^2+0^2+0^2$$
$$3=1^2+1^2+1^2+0^2$$
$$4=2^2+0^2+0^2+0^2$$
$$5=2^2+1^2+0^2+0^2$$

接着又让学生们在下面自己举几个数字,验算一下是不是每个正整数都可以表示为4个整数的平方和。她在讲台上静静看着学生们思考验算,有些思维比较活跃的学生在算了几个数字之后就抬起头,露出自信的神情。

只见高扬芝老师先在黑板上写下了定理(四平方和定理):每个正整数均可写成4个平方数之和。之后看到同学们都有了求知的要求,就在黑板上讲了起来,同学们都听得十分过瘾。

高扬芝在上课时,一般首先让大家思考一下,接着将证明过程娓娓道来,步骤之间还常常留一些时间让大家消化理解。大家能够跟上高老师的节奏来思考,几节课下来也都不会觉得枯燥。这种启发式的教学方法学生们越来越喜欢,要上高老师的课的学生越来越多。现在我们无法再现高老师的课堂教学,但从她现存的图书和她发表在各种期刊上的论文可见其深入浅出的教学风格。

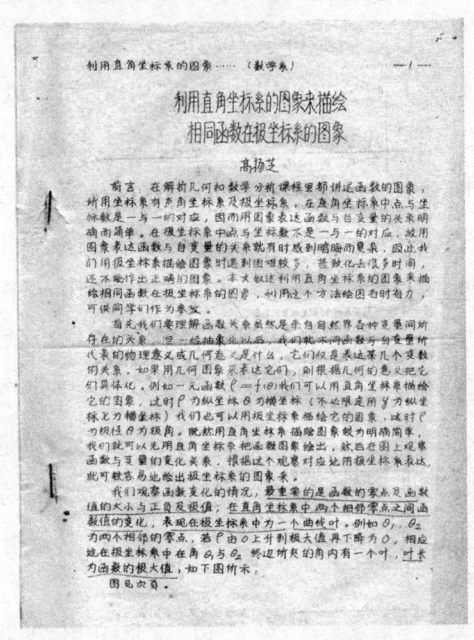

◎ 图 9-11 高扬芝的一篇油印论文

当年高扬芝的同事刘云章回忆说：

> 正是听了高老师的复变函数课，我对函数论专业方向产生了浓厚兴趣。有一年，原本我有实变函数的教学任务，后来领导又命我担任业余大学复变函数的教学任务，可算是匆忙。幸好，我听过高老师的复变函数课，从而备课、上课困难不大，坚持了下来。
>
> 今天回忆起高老师的课，总的印象是课堂结构严谨，内容充实，由浅入深，50分钟内没有一句废话。每节课总是不知不觉下课铃就响了，"怎么，又下课了！"这时，"轻舟已过万重山"，高老师已讲了不少内容。

事实上，高扬芝教授上的每一节课都是这样，她以自己的勤奋和努力成就了自己精彩的启发式的教学效果。

高扬芝教学上的特点可以用三个"启"字加以概括。

第一个"启"是研究学生特点，通过学生熟悉的事物，启发出便于理解的抽象数学概念。关键是要让学生真正觉得数学学习有意义，使用数学语言将新的知识与学习者已有的知识建立起自然的、实质性的联系。这时教师主要的作用在于用新旧知识的衔接进行启发，要求教师准确把握学生的知识结构和学习状况，并且思考学生已有知识结构和观念与新学习内容的联系，以引起学生自主学习的兴趣，形成主动积极的思维习惯。[1]

第二个"启"是通过启发学生构建数学知识体系，把他们引向解决问题的思维方式上去。数学知识结构主要指学生头脑中

---

[1] 韩龙叔.数学启发式教学研究[M].北京：中国戏剧出版社，2008.

围绕核心知识和观念组成的具有结构性的关系网络。目的是不断启发学生建构自己的数学知识体系。

第三个"启"是启发学生研究探索，启发学习兴趣，增强学习动力。高扬芝讲课重在启迪学生建立知识间的非人为和实质性的联系，实现有意义学习。运用启发式教学，使学生超越课本知识进行再组合，获得新的领悟，培养学生探索发现的志向，这是高扬芝数学教学的精髓所在。

高扬芝通过20多年的教学经验积累总结出的数学启发式教学方法，对培养学生很有用处。她游刃有余地引导学生进入数学王国，使他们从此喜欢、热爱数学并为数学研究而努力。对高扬芝教授的数学启发式教学方法的挖掘、整理、研究将是一个有重要意义的课题。

高扬芝教授最让人推崇和敬仰的是她数十年如一日，兢兢业业、一丝不苟的高尚情操。对于许多人来说，做一时也许并不难，但要做长久，用无声的语言去影响别人，却是很不容易的。她在这长久之功里，让自己的生命充满了绚丽的光彩。

四、春风桃李

1962年8月，南京师范学院数学系有了第一届本科毕业生。

1962年10月，南京师范学院4 000余名师生员工集体庆祝建院10周年。教育部发来专电，表示祝贺。当时的江苏省省长惠浴宇、省委副书记刘顺元、副省长吴贻芳、省委宣传部部长欧阳惠林、副部长陶白、陈立平、吴天石、南京市委书记陈扬、候补书记郑康、南京大学校长郭影秋等出席了庆祝大会。院党委书记华诚一作建院10周年的工作报告。

1958年至1966年，是数学系建系以来的黄金时期。生源一届届好起来，毕业生也深受工作单位的欢迎。1960年起，原属全国统一分配的毕业生改为江苏省地区分配，全省各地中学纷纷来南师要人，数学系毕业生尤受青睐。

为进一步提高教学质量，数学系师生在制订教改方案、编写教学大纲和教材过程中，不断克服"少、慢、差、费"现象，争取新的教学计划、教学大纲和教材符合"多、快、好、省"的要求，提出在某些主要学科方向上要赶超综合性大学水平的目标。

1959年7月，数学系根据院党委指示，决定把解析几何、数学分析和高等代数结合，使学生能够学后就用，既能及时巩固解析几何的运算知识，又便于掌握数学分析的相关理论。从而达到了既节省时间，又可以提高学习质量的目的。虽然系的发展势头很好，但不可否认，当时还存在着一些不切实际的做法。

1960年数学系入学的学生有200多人，是历年来招生数最多的一届，刚开始分4个班上课，后来考虑到教学效果，分成了6个班。这届学生在校期间"纯朴听话、勤奋刻苦、团结友爱"，学习特别刻苦认真，这也使他们日后在各种岗位上多有成就。

针对学生数学理论学习困难，课堂听课效率不高，笔记记得不好,课后复习和习题配合不当,学习计划性差等问题,在调查研究的基础上,系里采取了许多措施:修改了教学计划,减少学时,将一些较难的课程,如制图课,移至三年级,控制每周课时数为26学时。按1∶1.5安排各科上课、复习的时间,按1∶1安排各科习题、作业、实验、写实验报告的时间。同时还精简、控制会议时间和规模。每周六小时的零星劳动时间也改为停课一周集中劳动,以保证学生有更多的学习时间。

数学系党总支及行政部门还分别召开过班干部、课代表会议,召开学习上较困难的和成绩较好的同学的座谈会,了解和研究教学上存在的问题,然后和有关教研组、班主任、任课教师共同研究和解决这些问题。围绕课堂上如何专心听课、记笔记,课后如何复习、巩固、做习题等诸如此类的问题进行总结和交流。张齐安同学就说过自己的心得:听课、记笔记可以记下老师的讲课思路,补充了教科书上的不足。学习经验交流,对端正学生的学习态度和改进学习方法起到了积极的作用。数学系办公室每周将任课教师填写的教学进度公布出来,学生根据这个计划,结合自己的实际情况,拟订预习、复习的计划,科学地支配时间。

通过这次讨论,学生们都认识到了课堂认真听课的重要作用,更加重视课堂听课,注重课前预习,做到心中有数进课堂。学生李庆龙说:"不预习,上课只能糊里糊涂跟着老师跑,预习后,上课就有头绪了。"必须把做习题、认真复习和预习有机地结合起来,做到先复习,再做习题,学生们的学习质量得到提高。正如学生戴光跃所说:"复习好了再解题,解题的能力提高,速度也能加快。"推行计划学习以后,学生们做了时间的主人,克服了忙乱问题。这正如学生吴国良所反映的:"推行计划学习以后,主动支配了时间,学习也就更加深入细致了。"同时,通过学习计划的推行和检查,学生们也逐渐摸清了学习上的规律。

高扬芝教授以一个共产党员的标准严格要求自己,常常结合课堂教学,刻苦进行教学钻研。她在讲正项级数收敛与发散的问题时,结合教学,介绍了数学家欧拉追求真理,勤奋计算调和级数前有限项和的计算过程,欧拉计算出调和级数前 1 000 项的和约为 7.48 及前 100 万项的和约为 14.39。欧拉不怕困难、刻苦钻研的故事,鼓励着大家。

欧拉 28 岁时,为了计算一个彗星的轨道,连续工作几天几夜,劳累过度使右眼失明。沉重的打击并没有让他停下数学研究,59 岁时欧拉的左眼也失明了。眼睛看不见的他口述,又由他的儿子记录下数篇论文。1771 年欧拉在彼得堡工作时,遭遇大火,书及大量的研究成果都化为灰烬。接二连三的打击并没有使欧拉丧失斗志,他双目失明后还在黑暗中工作了 12 年。高扬芝所讲的欧拉的故事激励了学生们,使广大学生得到了一次深刻的教育。高扬芝进一步说:虽然国家在建设上遇到了困难,大家的生活也出现了麻烦,但是与欧拉当时的境遇相比,这不算什么事。她要求同学们能克服困难,努力学习数学知识,将来好为国家建设多做贡献。高扬芝不光教学生们数学知识,还注重培养他们的品性。这样的事例举不胜举,系里的学习风气不断增强。

在系党总支的领导下,高扬芝和同事们齐心协力,通过一系列的思想教育活动,学生们提高了专业思想认识水平,也形成了认真读书的风气。当时已有部分同学在高扬芝老师的指导下单独撰写论文,这在当时看来是不可思议的事情。

高扬芝主任一直将青年教师的培养放在心上。在她的鼓励下,系里成立了读书会。高扬芝一有空就参加系里读书会活动,在与青年教师交流中经常告诫大家:读书不能死读,死读书最终不能将书本知识转化为自己的东西;读书也不能泛泛地读,这样一无所获。读书总有一个先博后专的过程,要先易后难。针对不同教师当时的状况和特点,高扬芝给他们开列书单时,按照先易后难的思路,因人定教材。受益于她指导的青年教师们都说,高老师是一个智囊库,总能给别人恰当的建议。高扬芝大约每隔两周就要同青年教师们交流一次读书的体会。这样,她一方面不断同大家交流学习的心得体会,另一方面对青年教师的治学和求知也起到了一定的鞭策和激励作用。

高扬芝还要求教师们注重科研,经常召开各种研讨会,鼓励师生写论文。她以身作则,在1962年第2期《南师学报(自然科学)》上发表了论文——《不用内插公式推导"梯形法则及抛物线法则计算定积分"的误差》,同期发表论文的还有沈廷玉老师。在老教师的引领下,数学系上下开展科研的风气日渐浓厚。

1963年,江苏省数学年会召开,高扬芝教授参加了此次年会。她在会上再次看到了高国士老师,十分高兴。当高扬芝得知高国士写的一般拓扑学的论文在会上博得好评时,由衷地为他高兴。

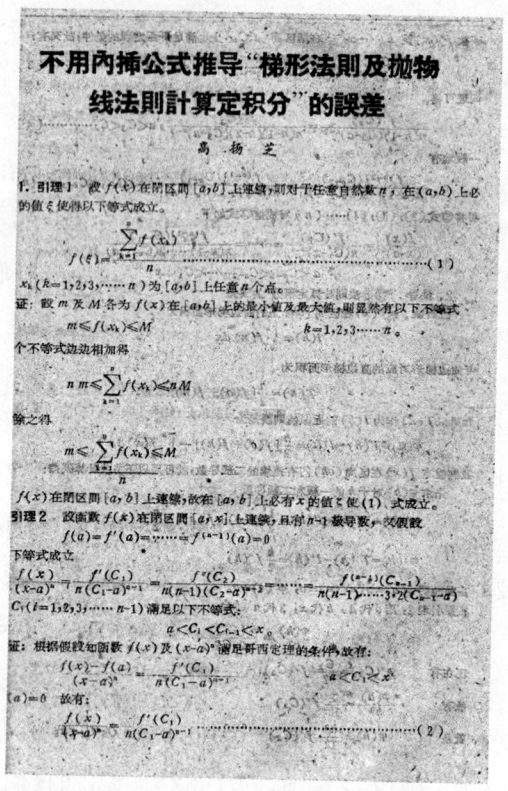

◎ 图9-12 高扬芝在《南师学报》上发表的论文

原来,高扬芝离开江苏师范学院后,高国士老师在江苏师范学院的数学教学和研究上不断进步,他以勤奋出色的教学工作得到了大家的认可。高国士老师长期承担数学系本科的基础课程,讲授数学分析、复变函数论、实变函数论、泛函分析等课程,成为系里的"台柱子"。在数学研究上,高国士选择的科研方向为数论研究,后由数论转向函数论。在江苏师院数学的教学工作中,研究兴趣由复函而实函,后而泛函分析。高国士最后将自己的研究方向对准了拓扑学领域。虽然他对自己的科研能力有信心，但对选择一般拓扑学进行科研心里没底。就此他专程到南京请高扬芝进一步指点和帮助。高扬芝为此与江泽涵教授联系，得到了肯定答复。在其复信中，江泽涵教授认为国内不研究一般拓扑学是一种不正常现象，应该有专人研究。从此，高国士老师率先在国内开始了一般拓扑学的研究，虽孤军作战，但有了精神支持，他坚定地以一般拓扑学为研究方向，并对高扬芝一直怀抱知遇之恩。[①]

高扬芝教授就是这样带领着全系师生不断前进，努力提高教学和学习质量，培养和帮助青年教师成长，引导教师、学生热爱数学，同时大公无私地助力培养校外人才。尽管受到政治运动的影响，南师数学系还是呈现出改进教学的喜人景象。

自1958年重建以来，1962年南京师范学院数学系第一届四年制本科生毕业，这批毕业生后来在数学教育领域都成为骨干和中坚。毕业生申守仁被分配到江苏盐城中学工作，后来被评为特级教师、全国优秀教师；毕业生刘敬烈被评为全国优秀教师、武进县（现为武进区）新安中学副校长；毕业生严图华曾任镇江高等专科学校副校长；还有赵渭康等同学成了政府、企业重要岗位的管理干部；毕业生张恩华、葛福生、郑章元、颜有守、张钰英等同学留校工作。

---

① 程民德. 中国现代数学家传：第三卷[M]. 南京：江苏教育出版社，1995.

◎ 图 9-13　1958 级 1962 届年数学本科专业全体毕业合影

1963年毕业的两个班在教育行业更是多有建树，毕业生马澄玉、杨裕前、周水英、滕宽海等被评为特级教师，并获省级以上荣誉称号。毕业生薛大庆先是留校工作，后调入中学，也被评为

◎ 图 9-14　1963 届数学系毕业生

特级老师。毕业生江起中、陈敬环、夏明汉、徐家迅、蒋浩等出任中等学校校级领导……据不完全统计,他们之中有十多人后来成为中学或中等专业学校的校长。

1964届高校毕业生实行全国统一分配,数学系许多学生被分配到边远地区,那里是祖国最需要的地方,他们不懈努力,为边远地区的基层数学教育做出了贡献。毕业生栾学智、曹椿灵、夏富庚、潘慰高等被评为特级教师,获省级以上荣誉称号;吴大伟、宋耀生、陶薇芳、曹正平出任高等、中等专科学校校级领导;毕业生张锋、范甲星、徐济平、钱麟昌被聘任为政府、企业重要岗位的管理干部。

◎ 图9-15 数学系64届2班部分同学校门前留影

潘慰高毕业后被分配到南京十中后(今金陵中学),工作十分认真,曾任年级组长、教研组长、教导处主任,1993年被评为中国数学奥林匹克高级教练员,2000年被评为江苏省中学数学特级教师。他在长期的中学数学教学中逐步形成了自己"深入浅出,教学严谨"的教学风格,颇有高扬芝老师授课之风。①

◎ 图9-16 数学系64届2班演出留影

1965届的李博生曾任南京市浦口区教育局局长,1966届也有一大批后来在教育战线上做出突出贡献的毕业生。

这一时期,高扬芝把大量的精力投入到数学学科的建设上,采取了一系列有针对性的措施,使南京师范学院数学系在很短时间内就成为在国内有一定影响的重要系科之一。从1958年到1966年停止招生前,数学系共为国家培养了876名本科毕业

---

① 政协南京市鼓楼区委员会.江苏省特级教师与金陵鼓楼[M].南京:江苏美术出版社,2004.

生,是系创办以来的"黄金时期",这一切与高扬芝教授和当年为之奋斗的广大教师的努力是密不可分的。这段激情燃烧的岁月将永载史册。

◎ 图9-17 1964年数学系毕业生合影

拾

蹉跎人生（一九六六—一九七八）

> 1978年,高扬芝教授在南京病逝,时年73岁。她静静地走了,如同24年前她静静地来南师一样。
>
> ——宋喆《高扬芝——诲人不倦的数学教育家》

一、内心隐痛

正当国民经济调整基本完成,开始执行第三个五年计划之际,高扬芝内心对祖国的发展充满希望,她将自己节省下的100元工资交了党费,决心更努力地工作,用十年的时间办出与综合大学比肩的数学系。但是就在此时十年内乱开始了。

1965年11月10日,《文汇报》的一篇文章成了"文化大革命"运动发生的导火索。高扬芝是个政治嗅觉不甚灵敏的人,

◎ 图10-1 70年代时的高扬芝教授

她自认为自己只是个教书匠,对于工作之外的事从不多言多语。但渐渐地她发现周边的人都变了,人们慢慢都没了笑容,师生相遇如同陌路人。

1966年6月13日中共中央、国务院发布《关于改革高等学校招生考试办法的通知》,决定1966年高等学校招收新生工作推迟半年进行,此后十年没再高考招生。

1966年8月3日,南京师范学院发生了"八三"事件,轰动一时。当这一噩耗传到高扬芝耳朵时,她目瞪口呆,茫然地一句话

也说不出来。她没有跟风去揭发别人的"罪行",还讲了些实事求是的话,后来这还成了别人揭发她的"罪证"。

不久,整个学院已经停课闹革命,师生前往各地"大串联",她也就无学生可教了。虽然她经常到系里走一走,但是话越来越少了,从她紧闭的不苟言笑的嘴角,可以看得出她内心的苦痛。

10月12日,根据江苏省革委会关于在宁21所高校全部下农村搞"斗批改"的决定,南京师范学院1 200多名师生员工(除少数老弱病残者外),集体步行45公里,赴当时的句容县大卓公社五七农场搞"斗批改"。当时高扬芝已60多岁了,但她还不属于老弱病残之列,是一定要与大家一齐步行去的,这对于高龄且患各种慢性病的她来说是个大问题。

◎ 图10-2　数学系的学生在劳动

高扬芝随着队伍出了中山门,开始还不觉得累。可不一会儿,她脚步慢下来,走路摇摇晃晃,双腿像灌了铅。由于血压升高,她头晕目眩,就这样拖着身体,一步步向前挪,不一会儿就被人扶上了应急车。好在时间不长,在句容校农场劳动一个时期,他们就分期分批返回了南京。

◎ 图 10-3　数学系的学生参加劳动

形势越来越"左","革命派"的手法越来越极端,在校的学生们全都忙于"闹革命",面对一浪高过一浪的狂潮,高扬芝感到了前所未有的困惑。她一直相信党,一生追求科学,教书育人,想为国家多做些事。但是 1966 年以来的一系列事件使她越来越看不明白。难道是自己错了?自己努力改造思想,一心教好书是走错了路?自己教出的学生是给"资产阶级黑线"培养的?将来建设国家不要文化和数学知识了吗?高扬芝对当时的形势越来越不清楚。

停课、停招、抄家、游街、揪斗、串联、大批判、下放,一系列的运动使知识分子人格已荡然无存,高扬芝和很多老先生一样无话可说。这段往事对经历过的那段历史苦难的知识分子来说,真是不堪回首。

李洪江老师讲了一件他亲眼看到的事:师生们在句容下放"斗批改"的一天,高老师实在是饿得难受,就去句容城边的小店里买了几个包子吃。在回农场的路上,被一个学生看到了,这个学生抬脚便踢向高扬芝老师。高扬芝惊愕不已,只能无奈地摇摇头。

薛大庆老师回忆说:"当时高老师年纪已经很大了,身体不好,但还要下地劳动,像她这样的老人一般都是安排拾稻穗等轻活。一天,她被安排下地拾稻穗,为了防晒,她戴着一副大眼镜,围着一条大围巾,头顶一顶大草帽,手拄一根拐杖,还拿着一只小板凳和一个篮子,向田间走去。她奇怪的打扮惹得一大帮当地的小孩子跟在她的后面看热闹,有些淘气的孩子还向她抛石头。昔日受人尊敬的名教授,如今成了被人取笑的对象。"

年逾六旬的高老师病疴缠身,心中隐痛无处诉说。

二、书生磨难

1969年10月,江苏省革委会紧急通知各高等学校,动员师生员工紧急疏散,到农村、农场参加劳动,高扬芝也在其列。不久,驻学院工、军宣传队和革委会组织全院教工第二次步行到五七农场参加劳动,"接受贫下中农再教育和战备教育",开展"斗批改"运动。

高扬芝老师再次来到句容县大卓公社"五七"农场。牛棚里地铺一个挨着一个。孙望先生①的《早晚请罪》道出了当时的境遇,也是高扬芝老师等知识分子在农场生活的真实写照。

煦阳难入室,白雪漫侵头。
向壁吞声咽,低眉叹命休。
晨朝须请罪,敢梦逐沙鸥。

除了开会学习和写交代材料,最令人难以忘记的就是吃"忆苦饭"。"忆苦饭",即模仿旧社会穷人烹制的食物。目的是让大家不忘本,记住前辈们在旧社会所遭受的苦,满足于今天社会主义的幸福,增强感恩之情。

在"五七"农场吃"忆苦饭"是件让人难以忍受的事。作者从葛福生教授那里了解到不少系里的往事。当年他目睹了这样一件事:

在句容农场的一天,领导组织大家吃"忆苦饭",照例每人要吃一碗,尝一尝旧社会劳动人民的苦难。一个学生为了表示自己鲜明的革命立场,拿了一个大脸盆,有意盛了满满一盆"忆苦饭"放在高扬芝面前。

---

① 孙望(1912—1990),原名自强,字止罍,江苏常熟张家港人。1932年考入金陵大学中文系。后受金陵大学之请到母校中文系任教。1952年后,先后任南京师范学院(1984年改为南京师范大学)中文系主任、名誉主任。1990年6月1日,于南京病逝。

◎ 图10-4 南京师范学院数学系部分教师在句容农场时的合影

面对这一大盆的"忆苦饭",高老师先是一愣,后来知道是来者不善,这下可苦了她。平时在家她只能吃一小碗饭,此时身体又有病,怎么也不可能吃下这满满一盆的"忆苦饭"。但不吃,这就是阶级立场问题。是对群众、领导的对抗,是要被批判的。高老师半晌都没有回过神来。勉强硬撑着端起来吃,可她实在吃不下这满盆的饭。

在场的老师和同学们都将愤怒的眼神投向那个学生,空气就像被凝固了一样。最后,那个学生只好尴尬地走开了。大家心中却有一种说不出的滋味。

葛教授说:"不要说是这样的忆苦饭,就是白米饭,这么一大盆,一位年事已高的老人又怎能全吃掉呢?"高老师当时那无助的眼神给葛教授留下了深刻的印象。

同在农场劳动的中文系孙望先生也对吃"忆苦饭"难以释怀,曾有诗云:

> 煮草和糠秕,名为忆苦餐。
> 喉枯难下咽,味涩强言甘。
> 暗吐三根草,横罹数老拳。
> 至今阴雨夕,腰痛骨犹酸。

这正是当年在"五七"农场吃"忆苦饭"情景的真实写照。高扬芝老师和老知识分子一样倍感磨难。

1969年12月13日,江苏省革委会决定:江苏教育学院和江苏函授大学撤销,除函大农科61人并入南京农学院外,其余255人连同物资和全部设备并入南京师范学院。原江苏教育学院暨江苏函授大学数学系沈超、涂世泽、黄开斌等33名教职员并入南师数学系,可是同样是无书可教。

无情岁月风吹逝,蹉跎人生徒奈何。"靠边站"的高扬芝本可以带领南京师范学院数学系,在青年教师中培养出一批在数学研究上有希望的老师,在国内数学学术研究上占一席之地;本可以让教学体系日益完善的数学系,为祖国和社会培养一批优秀的数学教师,但这一切现在只能是一种奢望。

1971年底,中美关系缓和,广大知识分子的处境有所改善。当高扬芝在收音机中听到二胡协奏曲《二泉映月》时,心中泛起了阵阵涟漪。面对眼前的处境,不禁暗自神伤。

在"五七"农场劳动的数学系年轻教师吴文炯记下了他在农场的蹉跎岁月。今天从这些日记中我们可以窥见高扬芝和广大高校知识分子群体在农场时的处境以及他们无奈的心态。

1972年

1月4日:休假回南京。

1月5日:上午返回五七农场。下午劳动,和泥浆、和水泥浆、担架子、洗桶等事。

2月10日:上午劳动,扫圈、出猪粪,拉板车。

2月11—19日:假期。今年招生采用"自愿报名,群众推荐,领导批准,学校复审"的办法。和旧的招生制度不同之处,1. 方向不同。2. 选拔标准不同。3. 招生方法不同。4. 宣传内容不同。

  2月15日:春节。

  2月18日:看记(纪)录影片《宾努首相、英萨利特使访问我国西北地区》。

  这就是当时知识分子在"五七"农场的生活状况,看不到一点希望。在繁重的体力劳动和严酷的精神折磨下,高扬芝终于承受不住,又一次病倒了。学院工宣队见状,特许她回家治疗。

  日子越来越不好过了,每日除体力劳动外,最折磨她的还是精神上的压力。她与其他一些老教授一样,交代材料,检查、自查、反省等报告书一个接着一个写,其中一个最令她感到苦涩和难以回答的问题是她为什么要"混进"党的队伍。有人从北京来调查,有人从上海来调查,整天不断地上交证明材料。

  这一时期,不时传来朋友们的各种坏消息,自己又患有高血压、腿脚不便等疾病,面对现实,高扬芝心灰意冷。

  孙望先生在他的《自镇鬼室以牛棚》[①]诗中写道:

    行年逾六十,人世屡沉浮。

    鬼室才遭镇,牛棚旋作囚。

    凄清怜独影,昏瞀病双眸。

    恨不风雷起,滂沱洗九州。

---

  ① 徐祖白,孙原靖. 诗人学者孙望[M]. 南京:江苏教育出版社,2000.

1972年2月,江苏省革委会发出《关于1972年高等学校恢复招生工作的通知》,要求以"自愿报名,群众推荐,领导批准,学校复查"的办法招收工农兵大学生。4月,南京师范学院开始招收工农兵大学生,共招收培养了5届,毕业生人数为560人。但是像高扬芝老师等一类人员,还是被排除在教学之外。

不管环境如何恶劣,高扬芝天性中的淡然和豁达依然支撑着她。当时发生的一件事,在南京师范学院流传甚广,可以看出高老师的睿智。

一天,还在"五七"农场劳动的高扬芝被学院保卫科干部告知家里遭了小偷,让她尽快回到家里看看。当她赶回家中时,看到的是被翻得一片狼藉的房间,但她并未着急,看到家中书架上的书还整整齐齐地一点没动,她嘴角露出一丝微笑。

高扬芝转身对保卫科干部说:"好了,我家里没有什么损失。谢谢你们!你们回去吧!"

保卫科干部都觉得奇怪,让她再仔细看一下。只见她走到书架上,取出一本《毛泽东选集》,从书皮中取出几张银行存单,说:"你们看,这不是还在吗?"这时大家都笑了。

这个故事的版本多样,但内容大同小异。大家口口相传,给艰涩的生活带来了一丝乐趣。从这个故事我们可以看出这个六旬老人是一个机智、诙谐,富有生活情趣的人。不久,高扬芝老师随一些体弱的老教师回到了南京宁海路207号的家。可是此时家中只有她一个人了,日子也不好过。

原来,有人提出高扬芝还在剥削劳动人民,这样的事情不能继续下去了。这个"劳动人民"就是郑奶奶。郑奶奶是长期在高老师家生活的保姆,高扬芝把所有精力都投入在工作中,多年来一直是保姆郑奶奶料理她的生活。

保姆郑奶奶个人的情况已无从查考,但是她也是一个在旧社会受苦的人。迫于压力,高扬芝不得不"辞退"了郑奶奶,开始自己照顾自己的生活。

从"五七"农场回来后,生活成了大问题。有时,高扬芝老师就自己到学校食堂里买点吃的,更多的时候她是在上海路上的一家饭店包伙。加上自己年纪大,身体不好,又没有子女照顾,家里打扫清理、洗涤晾晒等家务都成了她头痛的事。一个人的生活,她疲于应付,苦不堪言,真不知往后怎么办。心爱的大白猫也跑掉了。突然家中变得空荡荡,高扬芝的内心涌起一丝悲凉。

已没有学生可教了,系里的事也不要她过问,老师们也都不经意地回避着她,高扬芝老师倍感伤心。疾病的折磨,生活的无助,成了高扬芝晚年生活的基调,她感到从未有过的孤独。难挨的日子里,学弟孙丕显的来信给了她一丝难得的安慰。孙丕显在1958年调往山西矿业学院,在"文革"中也受到了影响。在孤寂冷落中,高扬芝与学弟互相安慰同情,两人感情愈发深厚。

艰难岁月中,相互安慰取暖的老同学走到了一起。1972年春天,高扬芝与孙丕显结婚了。这是当时南师校园里一件不小的事。高扬芝拿了个小篮子在校门口,给熟识的同事们发喜糖,脸上洋溢着少有的笑容。大家都向她道贺,这给她艰涩的生活带来了些许的快乐。

可就在这时,从北京传来了恩师程廷熙先生逝世的消息。高扬芝悲痛万分,高血压使她头晕目眩,不得不住院治疗。程廷熙是她一生的恩师,从走向数学之路和以后从事数学教育,她都以恩师为榜样。没有恩师的教导,她不可能走到今天。以前,每次回北京她都要去看望恩师和师母,但是十年来,她去北京的机会少了,一直未能与恩师再次相见。十多年前的见面竟成永诀,这成为她终生的遗憾。

1975年,国家开始纠正之前的一些错误做法,在对经济、文化等领域进行整顿的同时,提出要办好教育,调动教师的积极性,对教育工作进行了初步的整顿。教育部开始积极整顿教育工作。

这一时期,住院和吃药成了高扬芝生活中不可或缺的事。有一次高扬芝到学院医务室拿降压药,见到了老同事沈廷玉,他们互道问候,相互关心对方的身体状况,一时百感交集。

高扬芝对沈廷玉说:"数学史对于师范院校数学系来说是重要的课程,我正在根据早年的讲稿写数学史讲义,今后我们还可以再一起教出几个好学生来。"沈廷玉连连点头称是。境况有所改善后,高扬芝和同事们就想弥补多年损失的时间,使系科再次复兴。

她要开设"数学史"课程,并编写一本《数学发展史》教材;她要开设泛函分析、复分析等课程,并预见将来微积分将"下放"到中学;她还要培养更多的数学教育专家……她想要做的事情还有很多。

可是,一篇文章把根据中央指示积极着手整顿教育工作的想法,称为"奇谈怪论"。高扬芝内心刚刚升起的希望再次破灭。高扬芝的旧病复发了,高血压和心脏病又一起向她袭来,她不停地吃药。心情不好,疾病缠身,修改数学史讲稿的事也成了奢望。

1976年10月,中国人民迎来了新的希望。在长达十年的时间中,南京师范学院遭到了严重破坏,校、系党政领导机构长期陷于瘫痪状态,学校正常的工作秩序被打乱,数学系也有一些干部、教师和学生受到错误的批判。

◎ 图10-5 南京人民庆祝粉碎"四人帮"

1977年8月,邓小平主持召开了科学与教育工作座谈会,邀请30多位著名科学家和教育工作者参加。在讨论高校招生问题时,他明快果断,主张立即恢复高考,赢得了全场热烈的掌声。10月12日,国务院批转教育部《关于1977年高等学校招生工作的意见》,从此恢复了高等学校招生统一考试制度。12月,南京师范学院录取了恢复高考后第一次参加高考的917名新生。

1977年6月,南京师范学院进行了整党整风运动,学校为原党委副书记李敬仪平反昭雪,恢复名誉,清理、复查十年以来的

◎ 图 10-6　春天的南京师范学院校园

冤、假、错案,进一步落实了党的干部政策和知识分子政策,高扬芝也领到了补发的工资。她将 2 000 多元悉数交了党费。高扬芝 10 年的磨难终于熬到了尽头,她看到了教育事业的转机,看到了数学系发展的希望,她真想在自己垂暮之年为祖国教育事业干点事。

三、宁海路 207 号

南京市鼓楼区宁海路与广州路交汇处有一个有着 3 幢小洋楼的院落。这个树林成荫,环境幽静的地方,就是宁海路 207

号。几度迁徙的高扬芝于1958年后落脚在这儿。

中间一幢小楼二楼西边的房间就是高扬芝居住的地方。这里还住着南京师院其他一些领导和教授,平时少有人打扰。高扬芝的家安静整洁,是一个读书、学习的好地方。当年经常到高扬芝家里请教问题的青年教师刘云章这样描述高扬芝家里的陈设:"高先生家有两间房间。一间在南面,是她的卧室兼工作室,一间在北面,是保姆郑奶奶的房间。在高先生的房间里,南窗下是一张写字台,旁边是放满书籍的书架,书架旁则是一张小床,房内还有两张沙发,是平时接待客人用的。"

◎ 图10-7　宁海路207号楼二楼西边是高扬芝住的房间

正当事业有所转机时,高扬芝却又病倒了。从1978年初,她的身体就一日不如一日,高血压使她时常头昏眼花,糖尿病使她身体越来越虚弱,除了去医院看病外,她已很少出门。

高扬芝再次病倒后,躺在了江苏省工人医院的病床上,她感到自己来日无多,想起自己一生走过的路,感慨万千。她不时地走到病房的北窗边向着自己工作的南师校园眺望。离开了自己工作过的地方,对它更是无限地眷恋。

◎ 图 10-8　宁海路 207 号楼高扬芝所住的房子的西门

高扬芝老师从五四新文化运动中汲取力量,在追求科学道路上一直致力于高等学校数学教育工作。与许多知识女性一样,她通过自身的努力,自立于社会生存,得到了社会的认可和尊重,塑造了拥有独立自主、平等自由意识的中国女性。能为自己喜爱的事业做出贡献,深感欣慰。高扬芝躺在病床上望着窗外的枇杷树在想:在这里,她夜以继日创建恢复了数学系;在这里,她来去匆匆,教出了众多的学生;在这里,窗外的枇杷树看到了一个老人艰难的生活。最值得高兴的就是高老师自己一手创立的南京师范学院数学系终于走上了正轨。

高扬芝在事业上是成功的,她实现了从小立下的志向,做到了学有专长,自食其力。但与事业上的成功相比,她的生活却颇多坎坷,满腹辛酸。

她的学生们来了,对引领自己走上数学教育之路的老师致以问候;她的学校领导来了,对她的病情表示关切和慰问。

她很清楚自己的病。这个世界对她是公平的,她从一个不谙世事的平民家庭女孩子,成为一个能自食其力,自立于社会,为国家培养数学人才的老师。70多年的风雨人生,社会变迁,她百感交集。

四、先生走了

高扬芝对自己多年来的身体状况十分了解,深知自己的病情不可能好转。她只想尽心为系里做点事。她对看望她的领导说:我不能做什么事了,为了学校和数学学科的发展,我想把我多年的积蓄留给学校,把自己的书籍捐给数学系,在培养数学人才上多出一点力。

高扬芝先生不由地回忆起自己的一生:自己童年时家贫,一心求学,想着将来有本事,为家里分忧。在北京度过了清贫但快乐的童年。

少年时，在五四新文化运动的影响下，她对西方的科学文化，尤其是数学产生了兴趣。后在老师的启发教导下，一心想当一名数学教师，思想上和学业上都得到了飞跃，为日后的成长打下了基础。

上大学时，她把学习数学和传授数学定为自己一生的目标，努力学习，终于以优异的成绩在北京大学毕业，当上了一名中学数学教师，实现了自己的理想。

在上海，她成了暨南大学数学系教授，想着一心把学生教好，同时在学术上进修成一位数学研究专家。

在私立大同大学，她的数学教学水平有了很大提高，成为中国数学会的评议，社会地位得到提升，经济能力得以改善。她只想这一辈子"清白做人，认真教书"，终老一生。

新中国成立了，她对新社会由衷地拥护，积极地改造思想，使自己变为对新社会有用的人。在南京，她为创建数学系，一心一意地工作，得到领导和同事们的认可，她感到欣慰；在苏州，她不计个人得失，努力工作，提携后人，积极要求进步；返南京，她听从组织的安排，重新建立了数学系，培养出一代代数学教师，又由他们再教出一批一批学生。

高扬芝先生一生 70 多年来，有自我奋斗，成功立足社会的喜悦，有社会动荡，战乱频繁的苦闷，也有孤苦度日，病痛缠身的艰难；但是她实现了女子由自我奋斗而立足社会，为数学教育事业、为社会贡献自己的智慧的理想。她的一生是旧时代知识女性自我奋斗的写照，也是新时代知识女性在磨难中初心不改的写照。

1978年2月26日,南京师范学院第六次党代会召开,大会主题是:坚决贯彻党的十一大路线,为夺取抓纲治校的更大胜利而奋斗。

就在大会开幕这一天,南京师范学院数学系的创建者——高扬芝教授在江苏省工人医院的病床上永远地闭上了眼睛。她带着对她所热爱的数学教育事业的无限眷恋,平静地告别了这个世界。学院党委副书记吴训和数学系部分师生送别了高扬芝教授。

我们从江苏省档案馆的档案中,找出了1983年12月8日南京师范学院党委组织部出具的《高扬芝先生病逝情况》,文字如下:

高扬芝同志病逝情况①

高扬芝,女,1905年12月生,北京人,出身职员家庭,1930年7月毕业于北大数学系,1933年8月在上海暨南大学任教授,1952年8月调来本院数学系,1958年任主任。1956年8月加入中国共产党,1958年8月转正。

高扬芝同志于1978年3月病逝。

1983年12月8日

---

① 这份当时关于高扬芝教授病逝的情况说明是在1983年12月8日补进的。当时,对高扬芝后事料理简单,评价并不充分,1933年到1955年的履历空缺,去世的具体时间并没有写清。由于历史久远和人事更迭,人们已说不清高扬芝先生去世的具体时间,只说当时"文化大革命"刚刚结束,大家还心有余悸,记忆已经很不清楚。正当作者为此感到遗憾时,我们从档案盒上的标签上看到了一处这样的记录:"死亡时间1978 0226"。由此得知高扬芝先生去世的时间是1978年2月26日。

高扬芝先生静静地走了,一如 24 年前她平静地走进南师校园一样。"春蚕到死丝方尽,蜡炬成灰泪始干。"高扬芝就是这样一个数学教育界的"春蚕",在中国高教界辛勤教学半个世纪,她教过的学生遍及全国各个领域且成就卓著,这是她最大的欣慰。

高扬芝先生出生于国家从封建社会向现代转型的 1905 年,一生波折坎坷,见证了半个世纪中国高等数学教育发展的曲折历程。她为国家培养了可担当重任的数学专家,培养了一大批活跃在教育战线的数学教育家,为国家做出了杰出的贡献。她阅尽人间悲欢,以一位女性坚忍不拔的意志,写就了高等数学教育半个世纪的故事。

高扬芝先生投身于我国数学教育领域的半个世纪,是实践数学教学艺术和创造性办学思想的历程。她为今天南京师范大学数学科学学院的建设奠定了坚实的基础。高扬芝先生一生心胸宽广,正直诚恳,与人为善。由于其勤奋和坚守,在高等学校特别是师范院校的数学教育上取得了令人称道的成就。她所研究并实践的数学启发式教学方法,今天已越来越得到重视,至今仍在教育领域中发挥作用,代有传人。

尾声:心愿

数坛耕耘一生的高扬芝在生命的终点,将补发给她的 2 000 元工资交了最后的党费,以寄托她对未来教育事业的希望。

高扬芝的一生多有坎坷,可她一直坚守在高等教育领域,她教出的数以千计的学生就是她生命的延续。高扬芝一生见证了数学学科在中国的普及与发展,是早期知名的数学教育家,为数学学科在中国的发展贡献良多。她从不说违心的话,不做违心的事,只求教好数学,清白做人,认真做事,是女性数学知识分子中的又一典范,犹如数坛中的一株兰花,默默在百花园中吐露自己的幽香。如芝如兰,高扬芝教授一生堪称"学为人师,行为世范"。

1982 年,南京师范学院《文教资料简报》7-8 期合刊上为庆祝南师 30 周年校庆(当时是以 1952 年建校算起)登载了"庆校庆,怀故人"的纪念文字,其中登载了已过世的 10 位先生介绍。其中介绍高扬芝的文字是这样的:

高扬芝(1905—1978),女,北京市人。1930 年毕业于北京大学,长期从事数学教学工作。建国①后,曾任江苏师范

---

① 即中华人民共和国成立。

学院、南京师院数学系教授、副系主任、系主任,省政协委员、省数学会副理事长。1956年加入中国共产党。在函数论方面有较深的造诣,对基础的教学有一定的研究,经验丰富。曾编写《复变函数论讲义》《数学史讲义》,出版《极限浅说》《行列式浅说》等。

这是对高扬芝先生最早的怀念文字。

1985年,中国数学会50周年大会在上海隆重举行,大会开幕式上,中国数学会理事长吴文俊致开幕词:

> 50年前,我们的前辈数学家,毅然挑起了在中国开展现代数学教育和研究的重任,开始组织我国的数学工作者队伍,于1935年7月25日至27日在上海交通大学召开数学年会,正式成立了中国数学会。当时的会员只有几十人,但他们是在我国传播现代数学的火种,经过半个世纪前仆后继的奋斗,在我国形成了规模可观的数学大军……
>
> ……
>
> 抚今追昔,不禁使我们无限怀念50年来为我国数学事业做出过卓越贡献,而今天已经去世的数学家,担任中国数学会理事长30多年的华罗庚教授就是他们中的杰出代表。我提议,为50年以来对我国数学发展,对中国数学会的发展贡献了毕生精力的,所有已经去世的数学家默哀1分钟。①

---

① 任南衡,张友余.中国数学会史料[M].南京:江苏教育出版社,1995.

这是对包括高扬芝在内的第一代数学学人的充分肯定。

高扬芝在大学从事了近半个世纪的数学教学工作，为教育事业贡献了自己的一生。南师数科院陈永高教授评价说："高扬芝教授是第一代数学文化在中国的普及者，少见的杰出的女性数学教育家，一生都在为数学的高等教育事业工作，培养了大量优秀的数学家和数学教育工作者，为中国的数学教育贡献了一生。她的早期文章虽然只是论述了教材中的一个系数问题，但是从论文中可以看出著者的功底很深，推理精到，在20世纪30年代就有这样的系列文章是难得的。"

高扬芝生前有两个心愿：一是将自己多年的积蓄捐给学校并设立一个奖学金，以资助数学系的优秀学生。可是，改革开放初期，由于当时思想认识所限，对她的愿望没有加以重视，此事不了了之。二是将自己多年来的学术资料捐给数学系。由于客观因素，未能具体落实，致使学校里与高扬芝相关的学术资料没能留存下来。

高扬芝一生最大的贡献就是培养了众多数学人才。她早年的学生中有的被遴选为院士，有的为祖国科技和国防事业做出突出贡献，更多的学生进入了数学基础教育领域，有的成了数学特级教师、全国优秀教师，有的在大专院校从事教学科研工作，成了数学教育家。她的学生至今谈起高扬芝教授都一致认为高先生是他们坚持在数学教育战线上的精神支柱。

南京师范大学数学科学学院能有今天蓬勃发展的态势，与高扬芝这个名字是密不可分的。她那高瞻远瞩的学识眼光、谦和洒脱的品格、严谨的治学态度、生动务实的授课风格，薪火相传,会永远传承和发扬光大。

  值得欣慰的是,高扬芝和第一代数学教育工作者为我们开创的南京师范学院数学系今天发展为近百名教职员工、本科、硕士和博士授权点的数学科学学院,成为在国内较有影响的数学研究和教育的重镇。我们追忆往事是为了不忘初心、传承文化、凝练特色,为南京师范大学向有国际影响的高水平大学的目标不断迈进而增强动力。

参考文献

一、档案

1. 高扬芝个人档案[A]. 南京:江苏省档案馆,3007130016.
2. 1924年国立北京大学学生一览[A]. 北京:北京大学档案馆,MC92401-5(008).
3. 1930年年国立北京大学学生一览[A]. 北京:北京大学档案馆,MC193404-1(39).
4. 民国20年国立北京大学毕业生一览[A]. 北京:北京大学档案馆,MC1930302-2-6(25).
5. 私立大同大学教师简历[A]. 上海:上海档案馆,Q241-1-52-8.
6. 上海特别市1943年档案[A]. 上海:上海档案馆,R13-1-138-1.
7. 1950年4月呈报华东教育部[A]. 上海:上海档案馆,Q241-1-28(64).
8. 大同大学学习委员会名单及简单情况[A]. 上海:上海档案馆,A26-2-32.

二、图书

1. 上海新闻社. 一九三三年之上海教育[M]. 上海：上海新闻社，1934.

2. 高扬芝. 极限浅说[M]. 南京：江苏人民出版社，1956.

3. 《中国高等学校简介》编审委员会. 中国高等学校简介[M]. 北京：教育科学出版社，1982.

4. 莫由，许慎. 中国现代数学史话[M]. 南宁：广西教育出版社，1987.

5. 丁守和，劳允兴. 北京文化综览[M]. 北京：北京师范学院出版社，1990.

6. 南京师范大学校史编写组. 南京师范大学大事记（1902—1990）[M]. 南京：南京大学出版社，1992.

7. 程民德. 中国现代数学家传：第三卷[M]. 南京：江苏教育出版社，1995.

8. 任南衡，张友余. 中国数学会史料[M]. 南京：江苏教育出版社，1995.

9. 杨乐，李忠. 中国数学会60年[M]. 长沙：湖南教育出版社，1996.

10. 张奠宙. 中国数学史大系. 中国近现代数学的发展[M]. 石家庄：河北科学技术出版社，2000.

11. 徐祖白，孙原靖. 诗人学者孙望[M]. 南京：江苏教育出版社，2000.

12. 关晓红. 晚清学部研究[M]. 广州：广东教育出版社，2000.

13. 宋喆. 高扬芝——诲人不倦的数学教育家[M]//吕炳寿,张培元. 随园师魂南京:南京师范大学出版社,2002.

14. 孙家骥. 开封中学人物志之孙丕显先生传略[M]//常跃进. 百年开高. 北京:中国档案出版社,2002.

15. 郑文奇. 宣南文化便览[M]. 北京:文化艺术出版社,2002.

16. 王仁中. 爱国办学的范例:立达学社与大同大学. 附中一院史料实录[M]. 上海:上海古籍出版社,2002.

17. 李仲来. 北京师范大学数学系史 1915—2002[M]. 北京:北京师范大学出版社,2002.

18. 数学与计算机科学学院. 院系风采:运筹经纬·数学与计算机科学学院[M]. 南京:南京师范大学出版社,2002.

19. 张留芳. 治校治教治学:南京师范大学办学理念寻踪[M]. 南京:南京师范大学出版社,2003.

20. 南京师范大学《怀念华罗庚》编委会. 怀念华罗庚[M]. 北京:中国大百科全书出版社,2004.

21. 政协南京市鼓楼区委员会. 江苏省特级教师与金陵鼓楼[M]. 南京:江苏美术出版社,2004.

22. 周毓麟. 往事回忆中国科学院院士工作局. 科学的道路. 上卷[M]. 上海:上海教育出版社,2005.

23. 柯小卫. 陈鹤琴传[M],南京:江苏教育出版社,2008.

24. 韩龙叔. 数学启发式教学研究[M]. 北京:中国戏剧出版社,2008.

25. 杨正润. 现代传记学[M]. 南京:南京大学出版社,2009.

26. 李仲来. 北京师范大学数学科学学院史(1915—2009)

[M].北京:北京师范大学出版社,2009.

27. 徐耀新.江苏科协五十年(1959—2009)[M].南京:江苏人民出版社,2009.

28. 石鸥,吴小鸥.百年中国教科书图说(1897—1949)[M].长沙:湖南教育出版社,2009.

29. 北京大学档案馆.北京大学图史(1898—2008)[M].北京:北京大学出版社,2010.

30. 马德秀.钱学森和他的母校上海交通大学[M].上海:上海交通大学出版社,2011.

31. 盛雅萍,马学强.沪上名校:百年大同研究(1912—2012)[M].上海:上海辞书出版社,2012.

32. 庄裕光.中国国宝建筑近代杰作[M].南京:江苏科学技术出版社,2014.

33. 王卓君,朱秀林.苏州大学大事记(1900—2012)[M].苏州:苏州大学出版社,2015.

34. 张剑.学术与工商的聚合与疏离:中国数学会在上海[M]//周武.上海学:第一辑.上海:上海人民出版社,2015.

三、报刊及其他

1. 北京大学数学会通告[N].北大日刊,1929-05-09(1、2).

2. 缪玉源,孙丕显.零不可为除数[N].北大日刊,1930-01-24(3).

3. 北京大学注册部.注册部布告[N].北大日刊.1931-03-19(1).

4. 中国算学会昨成立[N]. 申报,1935-8-26.

5. 张莉. 五四运动中走上街头的女学生[N]. 中国教育报, 2008-05-02(4).

6. 李开周. 民国学区房[N]. 中国经营报,2012-12-24(51).

7. 田玉琴,张光彔,张湘琴. 傅仲嘉先生讲演函数概念[J]. 辟才杂志,1923(2).

8. 高扬芝. 觉梦虚实之辨[J]. 辟才杂志,1924(3).

9. 高扬芝. 黑幕[J]. 辟才杂志,1924(3).

10. 西夷. 北大的初期女生[J]. 人人周报,1947(4).

11. 曹方人. 在实践中的检验[J]. 南师校刊,1954(6).

12. 刘庆华,颜安. 培养人类的花朵:记上海市第六女子中学教师潘骏成[J]. 南师校刊,1954(6).

13. 高扬芝. 本院各系科简要介绍之数学系[J]. 南师校刊特刊,1954(6).

14. 数学分析教育小组. 数学分析课程试行考试与考查的情况和经验[J]. 南师校刊,1955(2).

15. 吴葆荣. 数学系举行习题公开观摩教学[J]. 南师校刊,1955(4).

16. 李向群. 老北大校园变迁回顾[J]. 北京档案史料,2005(1).

17. 曹一鸣,周明旭,张晓旭. 学会学习做有兴趣的事:单墫教授访谈录[J]. 湖南教育:下,2015(11).

18. 陈红. 1949—1952年高校教学改革研究:以上海私立大同大学为例[D]. 华东师范大学,2011.

高扬芝年表

1905年(光绪三十一年)11月24日,生于北京。父亲是个秀才,母亲毛淑珍(娴)。取名瑞英。

1909年,4岁。初识汉字,能识数字。

1912年,7岁。8月,入北京第一女子初等小学,开始启蒙学习。

1916年,11岁。7月初小毕业。9月入北京第一女子高等小学。

1919年,14岁。9月考入北京女子师范大学附中。

1924年,19岁。中学毕业。考入北京大学理科预科班。

1926年,21岁。转入北京大学理学院数学系学习。

1928年,23岁。大学三年级。参加北京大学数学学会,任干事。

1930年,25岁。北京大学数学系毕业。9月去京师公立第一中学教数学。

1931年,26岁。赴上海暨南大学,不久,任数学系讲师。

1932年,27岁。加入中国数(算)学会。

1933年,28岁。任上海暨南大学数学系教授。

1934年,29岁。转任上海私立大同大学教授,教"微积分""微分方程"等课程。

1935年,30岁。在上海交通大学参加中国数(算)学会成立大会,被选为评议会成员,后连任三届。

1937年,32岁。抗日战争暴发,继续在大同大学任教。

1949年,44岁。迎来新中国成立。任大同大学教授,兼数学系主任,大同大学校务委员会委员。

1950年,45岁。加入教育工作者工会。

1951年,46岁。作为唯一的女性代表,赴北京参加新中国第一次数学会代表大会。

1952年,47岁。调往南京,创建南京师范学院数学科,并任主任。

1953年,48岁。数学系成立,开始招本科生,被任命为系主任。第一届专修班结业。

1955年,50岁。9月,全系调往苏州江苏师范学院数学系,任副系主任。

1956年,51岁。2月,《极限浅说》出版。

1958年,53岁。入党转正。《行列式浅说》江苏人民出版社。9月,再回南京师范学院重建数学系。

1959年,54岁。12月被选为江苏省第二届政协委员。

1962年,57岁。与重建数学系后第一届(62届)四年本科生合影。

1964年,59岁。被选为江苏省第三届政协委员。

1969年,64岁。去句容五七农场,备尝艰辛。

1970年,65岁。秋,回南京。

1971年,66岁。保姆郑奶奶回乡,生活无人照顾。

1975年,70岁。开始写数学史讲义。

1977年,72岁。被选为江苏省四届政协委员。

1978年,73岁。2月26日,因病在南京工人医院去世。

后　记

《如芝如兰——女数学教育家高扬芝》一书终于脱稿了。为继承高扬芝先生和以她为代表的老一辈数学人的奋斗精神，挖掘学院历史，传承人文精神，我们编著了这本书。

这本书的写作，对于作者是一个不小的挑战。本书力图还原一个真实的高扬芝，完善数学科学学院的历史，传承文化。然而，随着时间的流逝，高扬芝的档案在20世纪70年代交归上级，学校里几乎找不到她的档案材料。从学院到学校，从南京到北京、上海、苏州，我们走遍了高扬芝所学习、工作的地方，采访了她的学生、同事，终于厘清了高扬芝的历史踪迹。

就在此书付梓出版校勘图片时，我对一张高扬芝先生与农师班合影中坐在高扬芝老师左旁的人越看越熟悉。求得我母亲陈晨华辨认，证实此人正是我的舅舅陈光照，说当年他正在教务处负责学校的函授工作，有此缘分与高老师一起合影。时隔半个世纪后，我奔波各地搜集、整理资料，完成高扬芝老师的传记。历史就在眼前，原来，我与高扬芝老师的缘分早就定格在了一张照片中。

在此，首先要感谢南京师范大学原校长、原党委书记宋永忠教授,他早就为本书撰写了序言,给予我极大鼓励。感谢南京师范大学党委统战部的立项支持,感谢数科院尹会成院长、赵静亚书记等各位院领导及同事们的支持与帮助!没有他们的支持,完成这本书只能是一个梦想。

从2015年开始搜集资料,到今天完成此书,得到了太多关心此书的同志们的支持和帮助。其中校档案馆原馆长高峰教授和姜晓云馆长都给以极大的关注;老校友和数科院诸多退休老同志提供了重要信息和线索;江苏省档案馆、北京大学档案馆、苏州大学档案馆、苏州大学数学科学学院档案馆、上海档案馆、校档案馆为本书提供了图片和信息。没有你们的支持帮助和无私的奉献,这本书同样也是不可能完成的。江苏省文化厅给予的项目资助也是完成此书的动力。

在成书过程中,北京大学陈泳超教授,南京师范大学人力资源处人事档案室的凌玉华、缪红菊同志,南京师范大学图书馆周福喜同志做了大量卓有成效的档案查寻工作;南京师范大学社会发展学院的邵俊敏博士为本书做统改工作;数学科学学院研究生秦芳芳、杨洋、陈杰、马无瑕、叶朵、陈沛元、郭姿涵、曹晓敏、郭晨、谢宝群,文学院本科生马钰童同学为本书做了大量的文字修改和图片整理工作;江苏省党校图书馆丁小文副馆长对此书也颇多关注。在此向以上领导和单位及所有支持和关心本书的同志们一并衷心感谢!

尤其感谢南京师范大学出版社姜爱萍、刘自然在编辑此书的过程中给予的指导、帮助,她们是此书得以出版的伯乐!

最后我要感谢妻子李咏梅及家人的理解和支持,你们永远是我前行的力量源泉。

由于年代久远,史料多有散失。由于本书所及时间、空间跨度很大,涉及有关网站上的信息、资料和图片,作者无法一一与有关人员取得联系或标明出处。为此本人衷心希望能得到有关人员的理解和支持,同时表达最诚挚的谢忱。请读者提出宝贵意见,以便于在今后更正。

联系方式:南京市栖霞区文苑路一号,南京师范大学数学科学学院院办(210023);电话:025-85898785;电子邮箱:33022@njnu.edu.cn。

于 正
2019年8月